日時計主義とは何か？

谷口雅宣

生長の家

はしがき

本書は、生長の家が発祥当時から主唱している「日時計主義」の考え方を解説したものである。これは、ひと言でいえば「人生の光明面を見る生き方」のことだ。それが今日重要なのは、世の中の〝悪い面〟に焦点を合わせたニュース報道や評論、論説、テレビ番組等が社会に氾濫《はんらん》しているからだ。この氾濫は、衛星放送やインターネット、デジタル通信の普及で全地球的広がりを見せており、そのことによって、ある巨大な情報歪曲《わいきょく》が確実に進んでいる。

英語の諺に「No news is good news.」というのがある。「ニュースがないのは良い報せ」という意味で、メディアを通して私たちが得るニュースのほとんどが「悪い報せ」であることを前提にしている。ある個人が人生の暗い面、悪い面に注目すること自体は、それほど悪いことではないし、禁止するのは不適当だ。しかし、ジャーナリズムを学び、多言語をあやつる優秀な報道記者たちが人生の〝善い面〟は無視しながら〝悪い面〟だけを、最先端の情報機器と設備とを組織的に駆使して、リアルに、そしてドラマチックに、あらゆる機会に、あらゆる媒体を使って、できるだけ多くの人類に浸透させようとする努力は、明らかに異常である。その結果、「世界は悪で満ちている」というメッセージが広く浸透しつつある。これは、悲しむべき事態である。

間違った情報は間違った判断を生み、間違った行動や政策へと国や社会を導く。私は、個々の報道が事実と違うというのではない。おびただしい事実の中から「暗い事実」や「悪い事件」だけを選択して報道することが、事実を歪めるというのである。人は「死ぬ」だけでなく「生まれる」のである。人は「殺す」だけでなく「生かし合い」「助け合う」のである。人は「だまし」や「裏切り」ばかりするのではなく、「正直」を貫き、また「仲直り」もするのである。「奪う」人が一人いれば、「与える」人は十人も、百人もいる。「憎む」人が一人いれば、「愛する」人は十人も、百人もいる。「嫉妬《しっと》する」人が一人いても、大多数は「祝福する」のである。しかし、ニュース報道では前者ばかりが登場し、多数の後者は無視されている。それが人間や社会の〝実態〟だというのであれば、それは巨大なウソではないか。

　私は一時、ジャーナリズムに籍を置いた者として、その社会的重要性を決して過小評価するものではない。汚職は摘発されねばならないし、不正は正されるべきである。権力は常に腐敗する危険を有し、人間はとかく「快」

や「楽」の方向に流される。しかし、そうであっても、人間は愛し、信頼し、助け合い、生かし合い、仲直りし、後悔し、謝るのである。

人間や人生の〝善い面〟を伝える報道や情報が枯渇《こかつ》している中では、次世代に希望や喜びを与えることはできない。教育の基本は「愛」と「信頼」と「明るさ」であるのに、「憎しみ」と「疑惑」と「暗黒」の情報が子供たちの環境を覆《おお》っていては、教育改革など絵空事《えそらごと》である。まず、子供たちに一番近い親世代の人間が、人生と社会の「真実なるもの」「善なるもの」「美しいもの」を認め、讃美することから始めるべきである。親が人生に喜びを見出さずに、子が幸福を感じることなどできるはずがない。

私のいう「人生の喜び」とは、収入の多寡《たか》や所有物の多さのことではない。他人と比較などしなくとも、自分の周囲に、そして自分そのものの中に、真実や善や美はあるのである。それを見出すための心の訓練が「日時計主義」

である。読者はぜひ、その生き方を習得され、さらに他の多くの人々にもこれを広めて、愛と信頼と明るさに満ちた地球社会実現に向かって、歩み出していただきたい。

本書は、第一部「日時計主義とは何か？」と第二部「日時計主義講演録」から構成されている。第一部はその名の通り、日時計主義とはどのような考え方であり、どんな哲学的、宗教的前提から成り立っているかを解説している。この言葉はもともと、「I record none but hours of sunshine.」という英文を端緒《たんしょ》とするが、それを日本において「日時計主義」と名づけたのは生長の家創始者、谷口雅春先生が初めてである。もう七十七年も前のことだ。それをひとことで言えば、「人生の光明面を見る思想」であり、そういう生き方である。詳しくは第一部を読んでいただきたいが、この考え方の宗教的、哲学的基盤には「人生とは外から与えられた不変のものではなく、人間の心が創造する」という生長の家の教えがある。

第一部に書かれた文章の多くは、私が運営するブログ「小閑雑感」に最近一〜二年にわたって書いたものを元にしている。したがって、同ブログの文章を単行本化した『小閑雑感』シリーズ（世界聖典普及協会刊）の内容と一部ではあるが重複することをあらかじめお断りしておく。

第二部の「日時計主義講演録」には、私が生長の家の行事で行った講演のうち、日時計主義と関連したものを集めている。時期的に言うと二〇〇五年から二〇〇七年までのものだが、この間の二〇〇六年に『日時計日記』という日記帳が宗教法人「生長の家」から出版された。それ以前は、「人生の光明面を見る」目的で作られた記録帳には、『讃嘆日記』（新教育者連盟発行）というのがあった。したがって二〇〇五年まで、私は話の中で後者に言及していた。ところが残念なことに、後者の版元である財団法人はその後、思想上、信仰上の違いで生長の家から分かれることになった。そんな経緯から、二〇〇五年以前の講演で私が『讃嘆日記』に触れた箇所は、本書においては『日時計日記』に直している。

日時計主義に賛同された読者はぜひ、この『日時計日記』を使って光明生活を実践されることをお願いする。

著者記す

二〇〇七年十月二十九日

目次

絵封筒（カバー）／スケッチ画（第二部）　谷口雅宣

第一部　日時計主義とは何か？

日時計主義とは何か？

生長の家で「日時計主義」という言葉が最初に使われたのは、昭和五年（一九三〇年）の三月一日を発行日とする『生長の家』誌創刊号の中である。このことは生長の家の信仰者の間では有名な出来事だ。

この当時の日本の状況については、私はかつて『信仰による平和の道』（生長の家刊）の中にも書いたが、日本は経済的混乱の中で、戦争へと突き進んでいく〝暗い雰囲気〟が満ちていた時代だった。同書から少し引用しよう……

昭和二年（一九二七年）に、日本は中国に派兵しています。第一次山東出兵と言われています。翌昭和三年（一九二八年）の四月には第二次の山東出兵があって、日本軍が中国大陸に侵攻している。その二ヵ月後の六月には張作霖事件があって、それをきっかけに関東軍による満州の武力占領が行われていった。

その責任問題が内閣で追求されて、田中義一内閣が総辞職したのが昭和四年（一九二九年）のことです。そして、その年の七月二日に浜口内閣が新たに誕生し、それまで財政的にあまりに手を広げてしまったことを顧みて、今度は緊縮財政をやろうとしましたが、タイミングが悪いことに、その約四ヵ月後、一九二九年の十月二十四日には、ニューヨークのウォール街で起きた株価暴落がきっかけとなって、「世界大恐慌」に突入していきました。

谷口雅春先生が、この『生長の家』誌を出版しようと決意されたのは、ちょうどそのころなのです。それで、翌年の一九三〇年、つまり昭和五年から、日本は「昭和恐慌」といわれる経済的大混乱に陥った。

当時は、日本の中心的な産業は生糸産業でしたが、その生糸の値段が一九三〇年一月から三一年にかけて、55％下落した。半額以下になったわけです。これに連動して、綿糸などの値段も52％下がった。米の値段は50％下がって半額になった。すごいデフレが起こったわけです。そして、日本の貿易は一九二九年から三一年までの二年間で、輸出が43・2％減った。半分ぐらいになったのです。輸入も40％減った。

失業者は、一九三〇年に二三七万人、三一年は二五〇万人、三二年は二四二万人という状態で、大混乱です。ＧＮＰでみると、この三年間に27％減っている。つまり、日本の経済は三割ぐらい縮小してしまったのです。

世の中には失業者があふれ、中国大陸では戦争が始まっているという状況の中で、谷口雅春先生が『生長の家』誌創刊号を執筆されたわけです。

（『信仰による平和の道』、二九二〜二九四頁）

そして、この『生長の家』創刊号の中で明確に打ち出されたことの一つが、「日時計主義」だった。その説明は、現在は『生命の實相』の生活篇に転載されている……

2. 日時計主義の生き方。

諸君は『日時計』と云うものを見たことがあるか、それは一本の直立せる針と、時間をしるした一枚の盤とでその主要部分が成り立っている。太陽の光線がその直立せる針に落ちると、針は盤面の日盛りの上に影を落して何時だと判るのである。太陽のない日は時間が判らない。そして自分の見た日時計の盤面には、こんな標語が書いてあった。

〝I record none but hours of sunshine〟

（吾れは太陽の輝く時刻のみを記録す）

自分はこの標語を『日時計主義』だと云っている。そして『生長の家』では出来るだけ、輝く喜びの時刻だけを記憶し、語り、思い出す。喜びに言語の再現力、言葉の創造力を応用するのである。

此の世界の人々が皆な此の『日時計主義』に従って、不快な一切の記憶を次の瞬間から追い出して了い、悲しい連想や、憂鬱な暗示を拭き去ってしまうようにするならば、吾等のこの世界はどんなに愉快に幸福になれるであろう。

（同誌二〇頁。『生命の實相』同七巻二七頁参照）

暗い環境の中にある時に、明るい方面に注意を振り向けるだけで、世の中は善くなっていくだろうか？　そんな疑問を抱く読者は多いに違いない。あるいは、「悪に目をつぶって生きていくことは、社会の改善に寄与しないばかりか、悪をのさばらせることになるから好ましくない」と考える読者もいるだろう。しかし生長の家では、神が創造された「本当の世界」（実相）は善一元であって「悪はない」と考えるのである。また、我々人間が肉体を使って生きる世界は、心によって一時的につくられる仮構《ニセモノ》の世界であると考える。それは、各自が一種の〝心のレンズ〟を透して見る世界だから、心で悪を認めれば認めるほど〝心のレンズ〟は曇り、本来ある神の創造（実相）が見えなくなる、と説いている。そのような、神への無限大の信頼と信仰にもとづいた生き方をすることが、「日時計主義の生活」である。

　本書には、そのような生き方の基礎となる考えを、いくつかの項目に分けて集めてある。まず最初に、生長の家の「悪はない」という考え方を説明する。「悪の存在」は古来、宗教や哲学上の大問題として扱われてきたが、本書ではそのような〝大上段〟から「悪」を論じるのではなく、主として私たちの心が「悪」を感じる際の仕組みを検討することで、私たちが「悪」と称するものの多くは、心の持ち方や条件しだいで「悪でなくなる」ことを示す。これによって、「悪」とは強固で永続的な実体ではなく、人間の心や諸条件で変化する〝心の産物〟であることを、読者に伝えようと思う。

次には、悪だけが〝心の産物〟であるのでなく、私たちが「現実」と呼ぶ世界全体も、同じく〝心のあらわれ〟であることを示す。「現実」というものは一見、容易に変えがたい頑強な〝客観的存在〟であるかのように感じられる。しかし、それが私たちの前に立ち現れる過程を仔細《しさい》に検討すれば、それは心で仮につくりあげた変幻自在の世界である。だから、私たちが心の持ち方を変えれば——例えば、現実を自分中心の〝意味〟として解釈するのではなく、あるがままに〝感覚〟する態度に変わるだけでも——目の前の〝現実〟は変貌し、感動すべきものが多く発見されることを示したい。

本章の最後では、聖書にあるイエスの教えを一つ取り上げ、それが、このことを教示していると解釈できることを述べる。

悪を放置するのか?

私は、生長の家の講習会のために毎年、日本各地の約三十カ所へ行く。日曜日の午前十時から午後三時までが一般的な講習会の時間帯で、午前と午後にそれぞれ約一時間の講話と、参加者からの質問に答える時間がある。参加者の数は、講習会を行う県によって大きく異なり、多い場合は一万人を超えるが、少ない場合は千人を切る。

平成十八年三月五日に大阪城ホールで行われた生長の家の講習会には、二万四二〇九人の受講者があった。その日の午前の講話で、私は「悪と戦う」ということは実相（神の創造の本当の姿）に於いては非存在の悪を心で認めることになるから、好ましくないという話をした。すると、質疑応答時の質問の中に、「生長の家は悪を放っておいて良いということですか？」と疑問を投げかけるものがあった。そのほかにも、「悪は退治しないと滅ばないいんじゃないかと思う」とか「仮の姿とはいえ表れているのだから、具体的解決法を提示すべき」とか「悪が現われなければ善が出ないということか？」など、いくつも質問が出された。これらの質問の中には誤解もあったので、私はその日の午後の講話の時間に、私の使った言葉の意味を説明し直したうえで、生長の家では「悪を放置」するのではなく、「本来非存在」である悪を本来の無に帰するために「善を行う」ことに力を入れる、という点を伝えた。

先に書いたように、善と悪の問題は宗教上も哲学上も大変奥が深く、難しい問題でもあるので、数十分の講話で的確充分な回答ができるものではない。そこでここで補足を試みよう。もちろん、単行本一冊で充分な説明が可能かどうかの問題は依然として残っている。

まず「悪はどこにあるか？」について考えてみよう。かつて「オウム真理教」と呼ばれた宗教団体の教祖、A氏が、いま刑事被告人となって裁判を受けている。ではA氏は悪だろうか？　そう訊《き》かれたならば、私は「A氏は人間である」と答えるだろう。「では、彼は悪くないのか？」と訊かれたならば、「もちろん、悪い行為をした」と答える。「悪い行為をした人間は、悪ではないか？」と訊かれれば、「行為が悪であっても、それを実行した人が悪そのものということにはならない」と答えるだろう。「何をまどろっこしい！」と読者は腹を立てるだろうか？　私がここで言いたいのは、「悪い行為」「悪い人」「悪い病気」などはあったとしても、「悪そのもの」や「悪という実体」がどこかに厳然として存在するのではない、ということである。だからもちろん、よく〝悪の権化〟と見なされる「悪魔」などは存在しない。このことは、二〇〇三年に出した『小閑雑感Part 3』（世界聖典普及協会刊）の中で、「釈迦と悪魔」という対話形式の文章などに表現したことがある。興味がある方は、そちらを参照されたい。

さて、A氏が「悪そのもの」でないとしても、「戦争は悪ではないか？」と読者は問うかもしれない。私は「戦争は悪い」という言葉に100％、いや200％賛成するが、戦争という実体の存在を認めない。つまり、戦争というものは、一定の空間上の容積や質量をもった物質的存在ではないということだ。戦争はそういう「実体」ではなくて「状態」である。実体として存在するのは、戦車や戦闘機やクルーズ・ミサイルや兵士や空母やイージス艦やレーダーや将軍や弾薬や核兵器……などだ。しかし、これらはすべていわゆる〝平和〟の時にも存在する。平時には軍事演習もあるのだから、ミサイルが空を行き交っても、迫撃砲弾が飛んでいても、そのこと自体が「戦争」ではないし「悪」でもない。これらの兵器や装備は「悪の媒体」となることもあるが、「善の媒体」としても機能する。例えば、自衛のために使われたり、国連の制裁措置の一環として使われたり、あるいは国威を示すためのデモンストレーションとしても使える。

　ということは、私たちが普通に「善」とか「悪」と言う場合、それは、ある「状態」に対する評価である場合がほとんどなのである。よく言われることは、コップに水が半分入っている状態を見て、ある人はそれを「半分しかない」と否定的に評価する一方、別の人は「半分も入っている」と肯定的に評価する。これと似たようなことを、私たちは善悪を判断する時にも行う。先に挙げたA氏の行為でさえ、日本の大多数の人は「悪い」と評価することは疑う余地はないが、地下鉄サリン事件などの実行犯となった信者や教団幹部は、その当時、命令された行為を「善い」と信じて（あるいは信じようとして）実行したことが分かっている。

こういう諸々の事実を考えてみると、「悪」なるものは実体としては存在せず、それは評価する人の心に生じる否定的な力（拒絶感）を、外部に投影したものであることが分かる。したがって、「悪はどこにあるか？」との問いに対しては、「人間の心の中にある」と答えることができるだろう。

しかし「悪は人間の心の中にある」という言い方は、その言葉だけを取り出して眺めてみると、誤解される余地がある。その誤解とは、悪が人間の中にあるのであれば、人間は「神の子」ではなく「悪の子」ないしは「罪人」と言えるのではないか、と考えた場合である。私が「悪は人の心の中にある」というのは、「悪を悪として感じる原因は、人間の心の中にある」という意味である。先に触れた「釈迦と悪魔」という文章には、この「悪を感じる原因」のことを「悪さの量り」という言葉で表現している。また、その反対に「善」を感知するもののことを「善のセンサー」と表現している。

この二つの〝測定器〟は、本質的には同じものと言っていい。それはちょうど、「同じ幅の目盛が入った長い物差し」のようなもので、物差しの上の数値には「正の値」もあれば「負の値」もあるというわけだ。単純化して書けば、こんな感じだろうか――

私たち人間は皆、こういう善悪を測る〝物差し〟のようなものを心の中にもっていて、周囲で起こる様々な事象や現象に、この物差しを当てて測るのである。そして、「これはすごく善い」とか「これはちょっと悪い」とか「これは善でも悪でもない」……などと評価する、と考えることができる。

問題は、この〝善悪測定器〟が各人バラバラである場合が多いことだ。前述した「コップに水が半分入っている状態」を思い出してほしい。これをプラスの価値として見る人と、マイナスに捉える人がいるだけでなく、同じ人間でも、喉《のど》が渇いている時とそうでない時とでは、評価が違う傾向があるから、やっかいだ。もっと大がかりな例を出すと、かつてイラク戦争が行われている最中、アメリカのブッシュ大統領がパキスタンを訪問したことがある。その際、反米デモが起きたことが報道されていたが、このデモ隊の中に「ブッシュはテロリストだ！」と書いたプラカードがあった。私のような日本人の立場からは「ナンデそうなるの？」と不思議に思ったものが、アフガニスタンに続いてイラクの政権が米軍の武力で転覆され、ミサイルやロケット砲で戦闘員以外の数多くの人々が殺されたことを身近に感じているイスラームの人々から見れば、そういう言葉が自然に出るのかもしれない。彼らは、「ブッシュは悪だ！」と言っているに等しい。そして、ブッシュ大統領から見れば、一部のイスラーム過激派の勢力が「悪」そのものに見えただろう。

　こういう場合、いったいどちらが「善」でどちらが「悪」なのだろう？　あるいは、もう少していねいに質問すれば、どちらが「より善く」て、どちらが「より悪い」のだろう？　この質問への答えは、答える人によって違うだろう。なぜなら、心の中にある〝物差し〟は各人によって違うことが多いからだ。このように考えてくると、「悪と戦う」ことや、「悪を退治する」ことが、この世から悪を消すことにつながると考えるのは、単純すぎるということが分かってくる。

　言語や文化が共通した一国内にあっては、人々の心の中で善悪を測定する〝物差し〟も似通ってくる。道徳や法律や倫理は、そういう共通した〝物差し〟の上に成り立っている。しかし、そんな共通の物差しがある場合でも、前回取り上げた「Ａ氏」を裁判官が「悪」だと認めて彼を死刑に処せば、「悪」はなくなるのだろうか？　私は、Ａ氏の肉体は消えても「悪」がなくなるとは思えない。また、別の条件下で、〝物差し〟が一部狂ったＸ氏やＹ氏が現われて、悪事を働くことになるだろう。

「では、悪を放置しておくのか？」と、読者は再び問うだろうか。私は、「悪という実体」はないと言っているのだ。実体のないものは、放置するもしないもないのである。そこにあるのは「悪」ではなくて、私たちがある事件や人物に対して、心の〝物差し〟を当てた時に「負の値」を示した――という「状態」があるだけである。この〝物差し〟の当て方を変えたならば、同じ「状態」であっても、負の値を示さない（つまり、悪いと思わない）かもしれないのである。こうして、「心によって悪が消える」という魔法のような可能性が生まれてくるのである。

「悪を認める」とは？

二〇〇七年一月二十八日には、生長の家講習会は愛媛県松山市で行われた。そこでは、よい質問が多く出た。私はそれに丁寧《ていねい》に答えようとし、また質問が多かったこともあったから、講話の時間が予定をオーバーしそうになった。それでもすべての質問に対して答えられず、また答えの内容も十分意を尽くしたという自信がなかった。そこで、遅ればせながら、この場で少し補足させていただこうと思う。

午前中の講話で「唯心所現」の原理を説明したとき、私たちの世界観や人生観が、マスメディアから得る情報にいかに大きく左右されるかを示すために、犯罪統計に関する簡単なクイズをした。戦後日本の犯罪は減っているのに、ほとんどの人は増えていると感じている。また、犯罪の質も「凶悪化」しているわけではないのに、凶悪化していると感じている。その理由は、私たちが〝悪いニュース〟に注目し、マスメディアも〝悪いニュース〟を大きく扱うだけでなく、何回も繰り返して報道し、さらに「続報」と称するその後の話を延々と流し続けるからだ、という意味のことを言った。これでは、私たちは社会を挙げて「悪を認める」運動をしているようなものだから、唯心所現の原理によって現象世界から悪はなくならない。そして、生長の家は「悪いことを心に記録しない」という日時計主義の生き方であることを話し、ついでに『日時計日記』の宣伝もした。

これに対し、三通の質問が来たが、最も的を射て分かりやすいものを次に掲げよう。新居浜市に住む四十二歳の男性の質問である。……

> 一般論では、ものごとを良くしようとした場合、欠点を認め、それを改善するのが最も良いとされています。生長の家でも地球環境問題にとりくんでいるのは、地球温暖化現象という悪を認めているからではありませんか？唯心所現という意味は良く分かりますが、実際の応用（の仕方）が良く分か

りません。

この問題は、前に挙げた「悪を放置するのか？」という質問と似ている。その際私は、この世界には「悪そのもの」や「悪という実体」は存在せず、ある対象を評価する人間の心の中に否定的な力（拒絶感）が生じたときに、その対象を仮に「悪」と呼ぶ、と述べたのである。つまり、「悪」とは人間の心の中に生じる否定的な評価を外部に投影したもの、と言えるのである。

この質問者が挙げた例を使えば、私たちは地球温暖化現象を否定的に評価して「悪い」と思うのであるが、しかしどこかに何か黒々とした「悪」という実体があるわけではない。大気中の温室効果ガスが増加していくという「状態」があるだけである。温室効果ガスの主成分である二酸化炭素（CO_2）は、それ自体は善でも悪でもない。また、大気中にCO_2を排出する行為そのものも「悪」とは言えない。その証拠に、私たちは常にCO_2を鼻や口から吐いているが、誰からも咎《とが》められない。さらに言えば、工場や自動車からCO_2を排出することも、それ自体が悪というわけではない。なぜなら、産業革命の初期に蒸気機関や工場から排出されるCO_2のことを「悪い」と評価した人はいないと思われるからだ。

　現在それが「悪い」ことのように扱われているのは、大気中のCO_2の濃度が上昇し続けていて、その結果、地球の平均気温が温室効果によって上昇し始め、地球環境や生態系にマイナスの影響を与えている、と大多数の人間が評価しているからである。そして、私たちが地球環境問題の解決に努力しているのは、そういう「マイナスの評価」を私たちも共有していて、そのマイナスの度合いを減らすことが、人間社会のみならず、地球環境や生態系全体にとってプラスになると考えるからである。これを簡単に言えば、「欠けた部分を補い、より完全に近づける」努力をしているということだ。地球環境問題の背後に〝悪〟がいると認め、その〝悪〟に向って宣戦布告をするのとは、少し意味が違うのである。

　生長の家で「悪を認めない」というのは、「悪を実在として認めない」という意味が含まれる。現象としての人間には欠陥や欠点はある。しかし、それを指摘して「お前はだからダメだ」と断定することは、事実上「現象の欠陥が永続する」と宣言することになるのである。これでは、欠陥を実在同然のものとして扱っている。つまり、欠陥（悪）を実在として認めている。そんなことでは、その人の欠陥（悪）はなかなか消えない。それよりは、「貴方はこの方面で優れているから、その優れた面を他のこういう側面にも応用すれば、もっとうまくいく」と助言し、相手の隠れた能力（実相）の顕現を信じて待つ方が望ましい。

　この最後の部分が特に重要である。現象として欠点や欠陥が目の前に見えていても、実相がその背後にあるから必ず良くなるという強い信念と信仰がないかあるかで、「悪を認める」か「悪を認めない」かの違いが出るのである。このような言葉の微妙なニュアンスの違いは、その時の講話ではうまく伝わらなかったかもしれない。

悪を認めない理由

生長の家で「悪を認めない」というのは、このように「悪を実在として認めない」という意味からだけではない。

「悪を実在として認めない」だけであれば、悪を「現象」としては認め、その内容を仔細に検討したり、その原因を細かく分析するのが善を実現する正しい方法だ、という議論が成り立つ。しかし、生長の家では、そういう方法はお勧めしていない。なぜなら、これは「類は類をもって集まる」という心の法則の逆用になるからである。「悪い」ものに心の焦点を合わせることによって、私たちには「悪い」現象が次々に見えてくるのである。このことは、私たちがニュース報道の世界でよく経験することだ。例えば、どこかで「十七歳の少年が人殺しをした」というニュースが大きく報道されると、不思議なことに、連鎖反応が起こるのである。「悲惨な自爆テロで大勢の人が殺された」と報道されると、同種の事件がそれに続いて起こることがある。これは、航空機事故についても観察されることがある。社会心理学の研究テーマとして興味ある現象だ。

〝悪〟はこうして社会的に伝播《でんぱ》すると同時に、個人の心の中にも拡がる傾向がある。誤解のないように言っておくが、私はここで仮に「悪」という言葉を使っても、それは実体をもった〝悪の塊《かたまり》〟のようなものを想定しているのではなく、（前に使った言葉を採用すれば）「人間の心の中に生じる否定的な力（拒絶感）」のことを便宜上そう呼んでいるのである。人間の心は、対極にあるものを同時同所に感じることが困難にできている。例えば、「悪」と隣り合わせに「善」が存在することを容認することが難しい。「悪」を思っているときに「善」を同時に思うことが難しい。否定的に見ているものを、同時に肯定することは難しい。だから、悪に心を集中し、悪を分析していれば、その周囲のものも悪として感じ、さらにその周囲に隣接する、より広い領域にあるものも悪として感じやすい。こうして彼の心には〝暗黒〟なるものが次々と広がり、それがまるで黒々とした実在であるかのような印象が生まれるのである。（ここに書いたことは、社会心理学の分野で「認知の不協和の理論」として知られている。詳しくは、拙著『心でつくる世界』の一一二頁以降を参照）

「悪を認めない」ことは、だからこのような心中の悪（否定的印象）の拡大を未然に防止する優れた方法でもあるのだ。「悪を認めない」どころか、心を実相の光明円満完全のイメージで満たすことは、「類をもって集まる」という強力な心の法則を発動して、私たちの心が現象の奥に光明・円満・完全を見出す契機を与える。谷口雅春先生は、この素晴らしい方法を用いられて数多くの著書を、力強い光明の言葉で埋められている。例えば、『真理の吟唱』の「想念感情を浄《きよ》める祈り」には、次のような件《くだり》がある……

> 今より後、決して私は悪しき事を思わず、悪しき事を言わず、人を呪うことなく、怒《いか》ることなく、現象の悪に心を捉えられることなく、ただ善のみ、光のみ、美のみ、幸福のみ、豊かさのみ、調和のみ、平和のみの実相を心に見、コトバに発し、常に想念感情を浄めて、この世界の実相たる天国浄土を地上に実現せんことを期するのである。
>
> （同書、五九～六〇頁）

私たちは、この教えに従って「日時計主義」を生きることにしている。だから『日時計日記』では、悪い出来事は書かないのが原則である。悪いことを書かない、印象しない、記録しない、思い出さない、という方法によって、多くの人々は「悪はない」という実感がもてる。加えて、「よいこと」のみを書き、印象し、記録し、思い出すことによって、多くの人々は「善が満ちている」という実感を抱き、その実感を通して、現象の背後にある善一元の世界の実在を確信することができるようになる。そういう宗教的実感や悟りへ到達するための優れた方法が「悪を認めない」という生き方である。

このように、私たちが「悪を認めない」ということには、①現象世界における「悪を実在として認めない」という認識論的（静的）意味と、②「善一元の実相を観ずる」という宗教的実践（動的）の意味の二つの側面があるのである。

「実相」について

これまでの議論の中にたびたび出てきた「実相」という言葉の意味について、私はあまり詳《くわ》しく述べなかった。この言葉は、生長の家の教義の中核をなすものだから、その理解なくして「日時計主義」の意義を本当に理解することは困難だろう。しかし、「実相」の理会は、宗教的には「悟り」の部類にも属し、ある人が説明を尽くしたとしても、それを他人が理解するかどうかは「専ら当人の心境による」という要素がある。その一方で、別の人には、理論や知識を介さなくとも、宗教的体験を通して直接的に感得される場合もある。

そういう特殊な性格から、私は本書で実相を語るのに、「否定を通して肯定する」方法を採ることにする。これは「神」を語るときに時々使われる方法でもある。「神」の属性を語るには、「無限である」とか「愛である」とか「知恵である」などと、肯定的な「○○である」という表現を使うこともできるが、それでは百万言をもってしても神を表現できないと感じる人は、「壊れない」「滅びない」「間違わない」などという否定語を使う場合もある。私は後者の方法によって、一般的常識では「客観的に存在する」と考えられている「現実」を否定することで、その背後にある〝本当の存在〟――すなわち「実相」あるいは「実在」の輪郭をおぼろげながらにも描こうと思う。

肯定的な方法を使った実相の説明は、生長の家創始者、谷口雅春先生や生長の家総裁、谷口清超先生の諸著書に多く見られるので、読者はぜひそちらを大いに心読していただきたい。

感覚認識のウソ

先に書いたように、生長の家では一般的に言う「現実」とは、各人の心によって一時的につくられる〝仮構の世界〟だと考える。そして、「心が変われば世界が変わる」などと言う。このことは、人間の肉体に備わっている感覚器官のことをよく考えれば、納得できるかもしれない。すなわち、「五感」と呼ばれる目、耳、鼻、口、皮膚のもつ感覚は、すべての存在をありのままに感じるようにはつくられていないのである。人間の目は暗がりでは見えない。人間の耳は超低音や超高音が聞こえない。舌でみる味も、大ざっぱな酸味、辛味、塩分、苦味、うま味等を知ることはできても、すべての化学的成分を判別できるわけではない。また、触覚だけでは、背中の五センチ離れた二点を判別することも困難で、まるで一点であるかのように感覚する。

私は、一九九七年に上梓《じょうし》した『心でつくる世界』（生長の家刊）の中で、私たちの多くが「当たり前」に感じている「見える」という感覚の中に、どんなに当たり前でないことが含まれるかを指摘し、私たちの視覚が、あらかじめ決められたコンピューター・プログラムのような複雑な自動装置によって動かされていることを示した。そして、このプログラムは多くの場合正しく機能するものの、正しく機能しない場合も少なくないことを各種の画像をもって読者に示し、実際に読者の目を使ってそれを確認してもらった。ここでのポイントは、私たちは視覚を使って「ありのままの世界」を見るのではなく、「無意識につくられる世界」を見るということだった。つまり、我々が「現実」と呼んでいる世界は、無意識を含めた「心でつくる世界」であり、そこにあるありのままの世界ではないのである。

この結論は、科学では認知神経科学や社会心理学などの分野で今日普通に言われるようになった。例えば、二〇〇七年九月二十二日号のイギリスの科学誌『ニューサイエンティスト』（*New Scientist*, vol.195, No.2622）は、「何と奇妙なあなたの心——心中の幻想を暴露する二十一の方法」という題の特集記事を掲載して、脳の認識能力に関するこの時点での科学研究の成果を紹介している。

それによると、私たちは「広い」と思われる視野全体の中で、ちょうど月の大きさほどの部分しか直接注意して見ることはないという。にもかかわらず、残りの広大な部分が、しっかりとピントの合った明瞭な天然色動画のように感じられるのは、実は過去の記憶や、その時その時に目が注意して読み取る（月の大きさほどの）小領域の映像を記憶した脳が、総合してつくり上げている〝仮の映像〟であるという。このような〝世界の映像〟をつくるために、私たちの目は、毎秒三回のスピードで注視作業を繰り返しているらしい。

このごく短期間の注視と注視の合間では、私たちは事実上盲目状態にあるという。このことを確認するには、鏡に自分の顔を映し、自分の片方の目を見、すぐに他方の目を見る、という作業を繰り返してみるといいそうだ。眼球は動いているはずなのに、鏡の中の自分の目は止まったままである。これが何を示しているかというと、私たちの目は毎秒三回の注視と盲目状態を繰り返しているということとだ。にもかかわらず、私たちの見る世界が古い活動写真のように明滅して見えないのは、目が見えない部分の世界を、脳が自動的に補っている――言い換えれば、脳が世界をつくっているからである。

　脳はこのほかにも様々な仕方で視覚を補っているばかりでなく、視覚以外の感覚についても同様の〝補完作業〟を数多く行っている。聴覚を例に挙げれば、私たちが実際には聞いていない音を聞くことは珍しくないという。

　神奈川県厚木市にあるＮＴＴコミュニケーション科学基礎研究所の柏野牧夫氏が二〇〇六年に発表した研究では、「私が言おうとしていることが分かりますか？」という意味の言葉を録音し、その音声ファイルの何カ所かを抜き取って無音の信号に置き換え、それらをつなぎ合わせた音を人に聞かせる実験をした。大抵の場合、その音声を聞いた人は意味がわからないと答えたが、次に同じ音声ファイルの無音部分を「ホワイトノイズ」という雑音に置き換えて聞かせると、ほとんどの人は言葉の意味を理解したという。これは、雑音を手がかりにして、脳が欠けた音声を補ったと考えられる。柏野氏によると、「私たちが聞く音は、物理的な音の単純な複製ではない。脳は、聞こえている部分を基にして欠けた部分を補う」のである。柏野氏はまた、一つの文章を読み上げてつくった音声ファイルを、二十分の一秒ずつの短いファイルに切り分け、その音声の小片すべての前後を逆転してから、一本につなげてみたという。この音声ファイルを聞いても、人はその文の意味を完全に理解できるそうだ。

　この種の科学実験が示していることは、私たちの脳――つまり心は、私たちの周りの世界で起こることを単に受身の姿勢で待ち受けているのではなく、周りの世界からの情報を積極的に利用して、無意識の中で数多くの作業を行いながら刻一刻、私たちの内部に世界の〝複製〟をつくりつつあるということである。しかし、私たちの覚めた意識（現在意識）はそのことを知らず、「内部につくられた世界」がそのまま私たちの「外部にある世界」だと信じているのである。

だから、私たちが「目に見える」とか「耳に聞こえる」とか「肌に感じる」とか「鼻ににおう」とか「味がする」ことが、必ずしも周囲の世界の本当の姿ではないということに気がつかねばならない。先にもふれたが、人間の視覚が生む数々の錯覚について、私は『心でつくる世界』で取り上げた。その時に強調したことは、人間の脳の領域の七割もが、視覚から入る刺激の処理に使われているという事実である。このことは、人間の肉体的生存にとって視覚情報がいかに重要であるかを示している。しかし、その視覚から入る情報の処理が、必ずしも正しく行われないという事実は、私たちに多くのことを語っているのである。

その一つは、我々が「目の前にある」と思っている世界は、実は案外アヤフヤで、本物ではない可能性が大いにあるということだ。哲学ではこのことを「認識論」という分野で論じるが、仏教では昔から「唯心所現」とか「三界唯心」などという言葉を使ってそれを指摘してきた。また現代の科学では認知神経科学などでそれを扱っていることは、すでに述べた。また、人間の認識の不完全さについては、素粒子論などを通じて理論物理学がしばしば触れていることでもある。

例えばアメリカの理論物理学者、リサ・ランドール博士（Lisa Randall）は、ベストセラーになった『ワープする宇宙――5次元時空の謎を解く』（二〇〇七年、NHK出版刊）の中で、今日の物理学では物質の基本構成要素として当たり前に言われている「素粒子」が、人間の知覚ではまったく把握できないことを、次のように述べている……

　あらゆるものが素粒子からできているといっても、にわかには信じがたいかもしれない。なにしろ裸眼ではまったく見えないものなのだ。しかし、それは私たちの知覚の解像力がお粗末で、何かの助けを借りないかぎり、原子のように微小なものはいっさい検出できないからである。とはいえ、私たちの目には見えないだけで、素粒子はやはり物質の基本構成単位である。コンピュータやテレビの画像がいくら滑らかに見えようと、実際は小さな多数のドットで構成されているように、物質は原子で構成されており、その原子は素粒子で構成されている。私たちのまわりにある物理的な物体はみな滑らかで継ぎ目なく見えるけれども、実際は決してそうではない。

（同書、一一四頁、向山信治監訳）

「人間が感覚する世界」と「本当にある世界」が異なるという考え方は、だから古くから人類が共有してきただけでなく、最近では多くの実験で確かめられている科学的にも妥当な考え方なのだ。生長の家では、前者を「現象世界」、後者を「実相世界」と呼んで区別してきた。そして、人間の感覚と心が密接な関係に

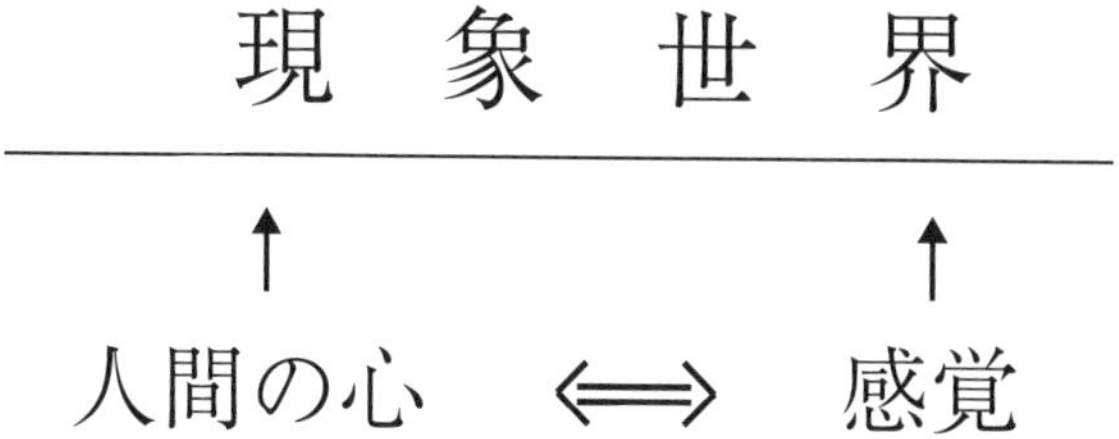

あることを「現象世界は人間の〝心の影〟である」とも表現してきた。
　図式的に示すと、上のようになる。
　これを言葉で表せば、「人間の心は、感覚を通して現象世界を形づくる」とでも言えるだろうか。この場合の「現象世界」は「現実世界」と言い換えても大過ない。すると「現実世界は、人間の感覚と心によって形づくられる」と表現することができる。もしこの命題が正しければ、私たちが「現実」と呼んでいる世界は、頑強で変えがたい不変・不動の世界ではなく、私たちの「感覚」と「心」によって変えることができる〝可変的で柔軟な世界〟ということになる。

読者には、この言葉の意味を十分味わってほしい。もし本当に「現実世界は、人間の感覚と心によって形成される可変的で柔軟な世界」ならば、私たちが感覚と心を変えることによって、現実世界は変えることができなければならないのだ。「そんなバカな！」と読者は抗議の声を上げるだろうか？　私はもちろん、「世界は心で即座に変わる」と言っているのではない。今日、私たちが生活する社会は、それを支える文化や法律、思想、倫理、習慣、道徳、科学、技術、自然環境など、どれ一つとっても「即座に」できたものはない。しかし、そのすべてのものと人間の心とは深く関係している。ということは、たとい時間を要しても、社会を構成する人間の心が変わることで社会は変わるのである。日時計主義とは、「輝く喜びの時刻だけを記憶し、語り、思い出す」ような生き方を、個人の日常生活のレベルから巻き起こし、その生き方を多くの人々に広めることによって、社会にも変化を起こし、現実世界を明るく、積極的な方向に変えることを目指している。

とは言え、本書では、社会改革や社会運動の側面には触れず、個人の日常レベルでの意識改革や〝観の転換〟について述べるにとどめよう。なぜなら、この点こそ日時計主義の基礎であり、基本であるからだ。まず基本が確立されれば、応用は無限であるから、読者は自らの自由な発想と工夫で、読者に適したオリジナルな日時計主義の生活を構築していくことができると私は信じる。

感覚と心

さて、前節までの議論で、私は「現実世界は、人間の感覚と心によって形成される可変的で柔軟な世界である」と結論した。この結論を読み、それと「唯心所現」や「現象は心の影」という言葉を比較した読者の中には、私がなぜ「心」に加えて「感覚」を現実世界の決定要因の中に含めたのか不思議に思う人がいるかもしれない。その理由は、私たちが「感覚」と呼ぶものは、大抵の場合、心の働きの一部であるからだ。あるいは、別の角度から言えば、感覚は私たちの心と現実（現象）との接点であるからだ。

谷口雅春先生は、『生命の實相』頭注版第七巻生活篇で日時計主義について説明されたあと、それを他人について及ばした場合は「礼拝主義」になるとされた後、どうしてそれが可能かを次のように説かれている……

他《ひと》が現に目の前で自分に対しておもしろくないことをしているのに、どうしてその人の内にある神をわれらは拝みうる境地に達しうるか。それにはまず心的練習《メンタルトレーニング》を必要とするのである。げんに悲しい事件があるのに鏡の前でできるだけ愉快な顔をし、これによって悲しみを征服して、ついに自分のヒステリーを根治した婦人のように、諸君は相手の美点をできるだけ心に描くように練習しなくてはならぬ。それは必ず練習によって到達しうるのである。なぜなら見せかけの悪は低迷する雲のように仮相《かりのすがた》の存在であって、どんな曇った日にも本当は青空がその奥に存在するからである。相手が自分にたとい悪意を抱いていると信ずべき根拠があるにしても、相手の好意を見るようにするのである。

（三二一～三二二頁）

ここで読者に気づいてほしいのは、引用文の最初の行にある「現に目の前で」という言葉である。この意味は、「視覚という感覚器官を通して」ということである。特定の他人が、自分に対しておもしろくないことをしているのを、単に心で「想像している」のではない。その人が目の前で自分を酷評したとか、悪態をついたとか、自分が愛するものを罵倒《ばとう》したとか、傷つけたとか、そういう実際の具体的アクションがある場合を、「現実に」とか「現に」と呼ぶのである。谷口雅春先生は、そういうアクションを自分が視覚を通して認めたときのことを問題にされているのであって、単なる想像上のことではない。

引用文では、その次にも「げんに悲しい事件がある」ときのことに触れている。この「げんに……がある」という言葉の意味も、「感覚を通してその現実を認識した」ということであって、単に心で「想像した」という意味ではない。さらに、引用文の後半に出てくる「雲と青空」の譬《たと》えでも、これは「雲が目に見える」という現実があっても、その向こう側には青空があることが説かれているのだから、「感覚は本当のものを見ない」という点が強調されているのである。つまり、この引用文全体の中では、私たちは「感覚を通して現実（現象）を知る」ことが大前提になっているのだ。しかし、それはあまりにも当たり前のことなので、文章の表面に出ていないだけである。

　では、そんなに当たり前のことを、私はなぜ「人間の心が現象をつくる」と簡単に表現せずに、わざわざ「感覚を通して」という言葉を付け加えるのか？　その理由は、近年の認知神経科学などの発達により、感覚と心との間にある複雑で、密接な関係がしだいにわかってきたからだ。そこでは、「感覚＝心」という、私たちの常識が前提としてきた関係が必ずしも成り立たない場合も少なくない。先に挙げた柏野氏の音声の実験（四六〜四七頁）もその一例で、「感覚＝心」という単純な関係があれば、除去された音は〝耳〟には聞こえないはずなのに、実際は無意識に、脳内で音声情報の補完が行われ、被実験者は心の中で、実際に存在しない音声を聞くのである。

　これと同じことは、私たちの聴覚だけでなく、視覚でも頻繁《ひんぱん》に行われている。前述した拙著『心でつくる世界』ではそういう例をいくつも紹介して、私たち

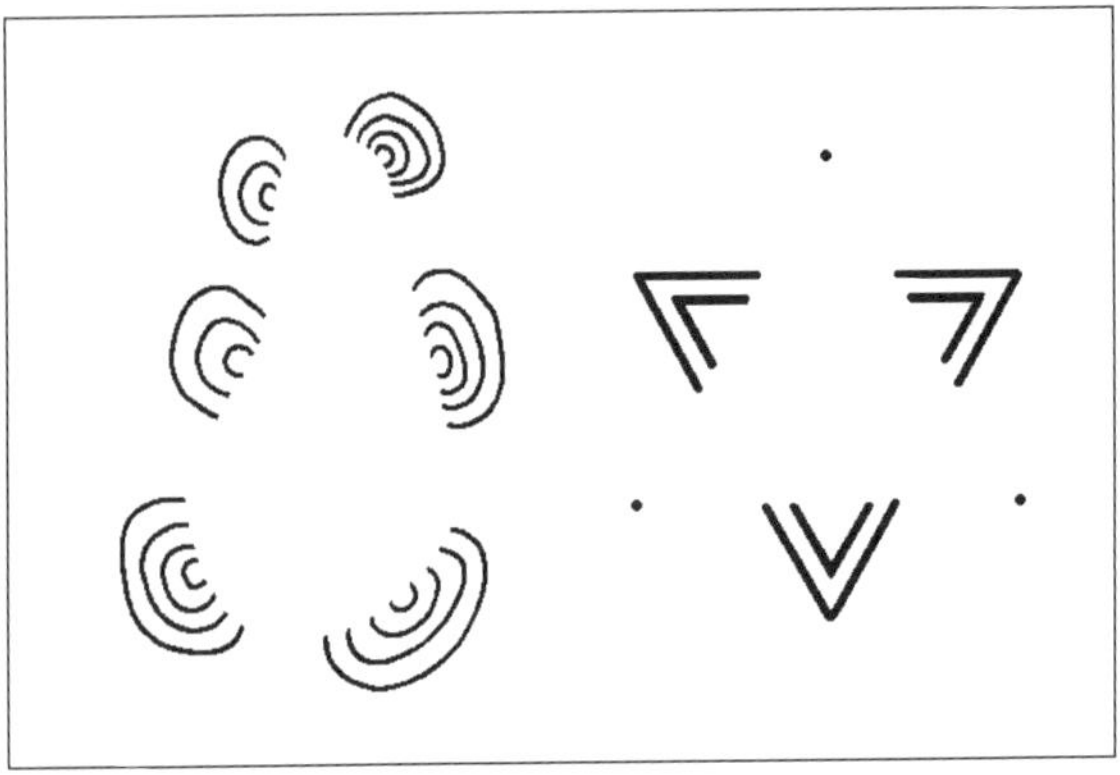

の視覚には、一定のパターンの情報を一定の形に見るための〝自動プログラム〟があらかじめ用意されていることを示した。このパターンに合致する視覚情報を与えれば、実際には感覚されていない情報や形でも、心はそれを〝見る〟のである。

　簡単な例を一つだけここに掲げよう。上図は、同書の七〇頁に掲載したものだが、イタリアの心理学者、G・カニッツァ(Gaetano Kanizsa) の発見になる。ここにある二つの図形では、実際には「描かれていない形」を私たちの視覚はありありと見るのである。

だから、「感覚＝心」という関係は常には成り立たない。感覚と心には、それぞれ別個の〝プログラム〟のようなものが走っていて、双方が機能しながら私たちは「外界」を知るのである。そして、この二つが知った「外界」が互いに一致する場合もあれば、一致しない場合もある。

ここで心理学の知識のある読者のために、少し補足しよう。心理学では、私たちが外界を認識する機能を大別して、「知覚」と「認知」という二つの過程を考える。私が本書で使っている「感覚」という言葉は心理学でいう「知覚」のことであり、「心」と呼んでいるものは心理学での「認知」に該当すると考えてほしい。そうすると、私がここで言おうとしているのは、心理学者の下條信輔氏が『〈意識〉とは何だろうか――脳の来歴、知覚の錯誤』（講談社、一九九九年）の中で次のように書いているのと、同じことになる……

知覚の推論は、その場の状況やあらかじめの予見、知識などには比較的左右されないもので、網膜への入力によってだいたい方向が決まっています。曖昧さはあるのですが、どの解釈がいちばん確からしいか、それを決める分析の仕方があらかじめ組み込まれていて、入力のパターンから解釈が自動的に決まるのです。(中略)

一方、認知は、知識や予見の影響を強くこうむり、状況次第で結論が変わります。たとえば同じ絵柄でも呈示された状況によって、血痕に見えたり、溶けたチョコレートの染みに見えたりするというのがよい例です。(中略)

このように知覚と認知はちがうのですが、重要な共通点もあります。それは、ともに不十分で曖昧な情報から、外界で起こっているできごとについて、一種の推論をするという点です。ほかにも可能性がありうるが、これがいちばん確からしい、という推理をするわけです。知覚の場合も認知の場合も、因果関係の結果の方をデータとして、逆に原因を推定することが多いのです。

（同書、四五〜四六頁）

専門的な言い方でわかりにくい場合には、「感覚」と「心」という言葉を使って、次のように言い換えることができるだろう……

私たちの感覚は、心にあまり影響されずにほぼ自動的に外界を捉えるが、心は知識や予見の影響を受け、また状況に左右されて外界を解釈する。双方は、不十分で曖昧な情報から外界の出来事を推論するという点で共通している。

ところで、ここで問題になるのは、感覚と心との関係である。いったいどちらが原因で、どちらが結果として生まれるのだろう？　快い感覚的刺激を受けるから、人間は幸福になるのか。それとも、心で「幸福だ」と思うから、肌に当たる風を快く感じるのか。この設問には、三通りの答えがあるだろう——①感覚が心を生み出す、②心が感覚を生み出す、そして、③両者は互いに影響し合う、という三つである。私は③の考え方が最も穏当だと思う。①だけを認めるのは唯物論の立場である。それを極端に推し進めれば、「感覚に快い刺激を与えることが人間の幸福である」という結論に達し、快楽主義に陥る危険性がある。その一方、②だけを採り上げてそれをつき詰めれば、極端な精神主義に行き着く可能性もある。そこでは、人間生活の物質的条件がいかに劣悪であっても、心さえ高揚していれば幸福が実現するとされるかもしれない。だから、私は本書において、③の立場を採っていることをここで明らかにしておきたい。しかし、一般論として③

を採用するにしても、個々の現象においては、①しか成り立たないもの、あるいは②だけが成立するものもあると考えられるのである。

『心でつくる世界』の第二章「視覚の中のプログラム」の中で紹介したいくつかの例は、①があることを有力に示している。しかし、人間の心が感覚に影響を及ぼす（②の）場合があることも事実である。例えば、日本各地の宗教施設では、冬の寒い中に「寒行」というのが行われる。気温が二〜三℃という中で、裸になった人々が冷水に浸かったり、水をかけ合ったりするのである。そういう人々の中には実際、「寒い」と感じない人がいるのである。これは、修験道などで「火渡り」をする場合にも当てはまる。「心頭滅却すれば火もまた涼し」という言葉があるほどだ。このような例は、心によって通常の感覚に変容が起こっていると考えられる。だから、現象世界（現実）での体験を考えるためには、宗教といえども「心」だけを相手にしているのでは不十分で、「感覚」についてもしっかり考察しなければならないのである。

何か小難しい言い方になってしまったが、要は「感覚」と「心」のいずれか一方に偏っていては、「人間の幸福」の問題は解決しないということだ。現代文明は前者に比重を置きすぎて発達してきたために、快楽主義の蔓延《まんえん》、過剰生産や資源の浪費、肥満と貧困、環境破壊など様々な問題を引き起こしている。現代の宗教は、だから前者を否定するだけで満足せずに、後者を正しく人々に提示する使命と責任があると思うのである。

感覚と意味

心の働きの中で重要なものの一つは、ある対象を認めたときに、それに「意味」を与え「評価」を下すことである。私たちはその「意味」を、対象そのものの形態や質感、音や匂いなどの「感覚」を通じて獲得することがほとんどである。

例えば、こんな状況を考えてみてほしい――午後の町を歩いていたら、どこからともなく焼きたてのパンの匂いが流れてくる。すると、「この付近にパン屋があるな」という認識（意味）が生まれる。パンが好きな人は、きっと周囲を見回してそのパン屋の場所を探すだろう。その時、もし翌朝のパンをまだ買っていなかった場合は、「あぁ、ちょうどいい。あそこのパンを買ってみよう」と思う（評価）かもしれない。こうして、「パンの焼ける匂い」という感覚が「パン屋がある」という意味を生み出し、「ちょうどいい」との肯定的評価をつくり出すのである。感覚からの入力を受けた私たちの心が、どういう評価を生み出すかは、もっぱらその時の私たちの置かれた立場に左右されるだろう。

これに関連してよく引き合いに出されるのは、「半分水の入ったコップ」である。それを見た人がどう評価するかは、その人の立場によって変わる。喉が渇いて仕方がない人は肯定的に評価するのに対して、川に落ちてしこたま水を呑んだ人にとっては、「半分も水がある」ことは否定すべきことに感じられるだろう。また、水を飲みすぎてもおらず喉も渇いていない人は、コップの水を肯定的にも否定的にもとらえないに違いない。

　私たちの心のこのような動きを観察すると、私たちの心は物事に対して大別して二つの側面を見ると言えるだろう。一つの側面は「意味」であり、もう一つは「感覚」である。例えば今、私の執務室の窓から外を見れば、隣接地の建設工事現場に、穴掘り用の山吹色をした細長い機械が聳え立っているのが見える。これを見て「景観を壊す工事用機械」という「意味」を脳裏に刻む人もいれば、その機械の色と形が昔、子供のころ自分が割り箸で作ったゴム鉄砲に似ていると感じ、「巨大なゴム鉄砲が空を向いて立っている」と感じる人がいるかもしれない。前者は〝意味優先〟のものの見方であり、後者は〝感覚優先〟のものの見方と言える。私たちは、この二つのものの見方を、その時の状況や気分に応じて組み合わせて使っている、と考えていいだろう。

〝意味優先〟のものの見方をする場合、私たちは目の前にあるものを自分の現在の目的との関係でとらえ、価値判断する傾向がある。例えば、朝の通勤時に先を急いでいる時、駅前広場でアンケート用紙を挟んだバインダーを抱えた青年が近づいて来ると、私たちはその人を「行く手をさえぎる邪魔者」として見ることが多い。この場合、その人を含めた私たちの周りの〝外界〟は、「自分の手段」のように目に映っている。そうすると、自分との利害関係の有無で「善」と「悪」と「無関係」の三種類の意味づけを行う傾向が出てくる。自分の現在の目的に貢献するものは「善」であり、それを妨げるものは「悪」となり、無関係のものは「非存在」の中に消えてしまうのである。これでは、私たちはいったい何を見、何を聞いているのか分からない。多分、周囲の「ものそのもの」など全く見ていないから、素晴らしいもの、美しいものが目の前にあってもほとんど気づかない。そこに何十万色の豊かな色彩があっても、自分の心で白（善）、黒（悪）、灰色（無関係）のたった三色に減色した世界を見ているかもしれないのだ。

都会の生活ではどうしても、このような〝意味優先〟の見方になりがちだ。だから、〝感覚優先〟のものの見方に切り替えることで、普段見えなかった何か素晴らしいものが、モノトーンで平板な意味の裂け目から顔を出し、また聞こえてくるという可能性があるのである。

感覚優先の世界

七面倒くさい理論で読者を煙に巻いてしまったかもしれない。理論よりも実例の方がわかりやすいと思うので、最近の私の体験を紹介しよう。

二月はじめの休日のことだった。私はある生活雑貨店へ妻とともに行った。そこにはいろいろな趣向を凝らした食器、洗面用具、文具、絵本、玩具などが並んでいて、手に取ったり、眺めているだけでも十分楽しめる。そんな中に、私は上の絵にあるようなものを見つけたのである。左側のマグカップのことではなく、その右に並んだ大きなテントウムシのようなものだ。最初、私はこれをテントウムシの縫いぐるみだと思った。ところが、近くに置いてある説明書きを読むと、「パソコン・ディスプレイの埃を拭くためのクリーナー」だという。私は「参っ

たなぁ〜」と思った。

何に参ったかというと、この商品ほど「意味」と「感覚」のズレが大きいものに、私は近年出くわしたことがなかったからだ。簡単に言えば、デザインが意表を突いているのである。パソコンのディスプレイには静電気で埃が付きやすい。それを取り除くためには、私はティッシュペーパーを使ったり、その目的で売られている薬を浸み込ませた布で拭いたり、もっと無精なときは、着ているセーターの肘で拭ったりする。だから、こんな縫いぐるみ型のクリーナーがあるなど想像もつかなかった。これで埃を除くには、テントウムシの〝お腹〟の部分をディスプレイの表面に当ててこするのである。そのために、手でつかみやすい大きさになっている。つかみ心地も悪くない。そして、〝お尻〟の脇には細いリボンのリングが付いていて、突起状のものに吊るすことができる。パソコンのディスプレイの上に置いたり、脇に吊るしておけるのである、ユーモア溢れたマスコット兼掃除用具というわけだ。

この商品と、前述の七面倒くさい理論の間に何の関係があるのだろう？　こんなふうに考えてみてほしい——この商品を見たことのない客がこの店に電話をして、「そちらに何かバレンタインデーの贈物にできる商品がありますか？」と訊いたとする。電話に出た店員は、そのとき別のことに気を取られていて、客への説明を省略し、簡単に「パソコンのディスプレイ用のクリーナーがありますが、どうでしょうか？」と答えたとする。これは、もっぱら商品の機能や使用目的を強調した説明だから、〝意味優先〟である。が、店員の答えとしては決して間違っていない。しかし、電話口の客は恐らく、そんなものはいらないと考えるだろう。なぜなら、ディスプレイ用クリーナーをバレンタインデーに贈るなど無《ぶ》粋《すい》だからだ。ところが、同じ店員が「バレンタインデー」という言葉にピンときて、少し気を利かせて「かわいいテントウムシの縫いぐるみがありますが、これはパソコンのディスプレイの埃取りなんです」と説明したとしよう。この説明は、「かわいい」「テントウムシ」「縫いぐるみ」という語で、目に見えるように商品の外観を描いた表現だから、〝感覚優先〟の説明である。これならば、電話口の客が興味を示す可能性はグンと増すはずである。

客にもっと興味を持たせるには、この店のインターネットのサイトに、テントウムシ型のクリーナーの実物の写真を大きく掲げることだ。この方法は、「他人の目」と「言葉」を介さずに、客に直接商品の外観を見せることになる。それを一見して「わぁ、かわいい！」と思った人は、それから「これは一体何？」と、その商品の「意味」や機能を考えるだろう。目から入った「感覚」が先で、それを「ディスプレイ用クリーナー」という意味に結びつけるためには、言葉が必要だ。その言葉を聞いて（あるいはパソコンの画面で読んで）「なぁーんだ」と落胆する人はこれを買わないだろう。が、「かわいい」という印象をもち続ける人や、「へぇー、面白い」と思う人は、値段しだいでは買ってくれる可能性がある。買うということは、価値を認めることだ。

この例で私が言いたいことは、〝意味優先〟の視点で見るとつまらないものでも、〝感覚優先〟の視点に切り替えると、その価値が認められる場合がある、ということである。都会の生活に価値を認めるためには、これと似た方法が有効だと思う。言葉を介さずに、都会の事物を直接感覚で受け取るのである。言葉が私たちを導いていく先は「意味の世界」であることが多い。これに対して、感覚は私たちを直接感動へと導くことができる。

さらにもう一例を掲げよう。

読者は毎日、新宿三丁目を経由して仕事場へ行くとする。そのとき、一軒の喫茶店の前を通るとしよう。この店を「通勤途上の新宿三丁目にある喫茶店」として捉えるのが〝意味優先〟の視点である。こういう見方では、この店への関心が生じることは少ないだろう。しかし、ある日、その通勤路で「西日を浴びて、木の肌を克明に見せた板壁の店」が見えたとしよう。もちろん、この喫茶店がそう見えたのである。その時、「なんだ、いつも通る店じゃないか」と考える人は、きっと〝意味の世界〟へすぐもどってしまう。しかし、その場で見えたとおりの光景をじっと味わってみる人は、別の体験をするだろう。その板壁の文様が心を打ったならば、それをしっかりと見て、心に留めるのである。そして、その感動を心で味わい、あるいは写真に撮り、または絵に描き、あるいは俳句や短歌によんでみるのはどうだろうか。

私のいう〝感覚優先〟の視点を、読者には理解してもらえただろうか。忙しい都会人は、大抵の時間を〝意味の世界〟の中で生きている。そこから〝感覚の世界〟へ移って都会を見れば、私たちの前にはまだまだ感動すべきものが沢山ある、と私は思うのである。本書の第二部に使われている絵は、私がそのような〝感覚の世界〟にいるときに「これは！」と思って手早くペンを走らせたスケッチ画である。皆、私の生活圏である東京の原宿と青山近辺で描いたものだ。「美しい景色に感動した」というのではない。しかし、そのまま通り過ぎてしまってはもったいない気がして、急いで描き留めたものだ。そこには愛すべき家並みや街並みがある、と感じたのだ。都会生活の中でそういう時間がもてることは、決して悪いことではないと思うのである。

狭い戸口

二〇〇六年十一月の初め、私は生長の家講習会のために岐阜市を訪れた。そこで読んだ『中日新聞』（十一月五日付）紙上で、青山玄氏が聖書の『ルカによる福音書』第十三章にあるイエスの言葉を解説していた。それは次のような言葉である。

人々が東から、西から、北から南からやって来て、神の国で食事の席に着くであろう。

この言葉は、「主よ、救われる人は少ないのですか」と訊いた人に対して、イエスが「狭い戸口からはいるように努めなさい」と答え、そのあとに続けて説いた喩え話の中に出てくるものだ。青山氏は、この「狭い戸口」とは「自分を子供のように小さくすること」だと解釈し、この聖句の意味を次のように解説していた……

己を無にして、神の御前に幼子のように小さくなり、ひたすら神の愛と憐れみにすがる謙虚で素直な心になるなら、民族や文化の違いを超えて、非常に多くの人が救われ、神の国に入れてもらえるのではなかろうか。

聖書の句や聖典の解釈には、「これこそ唯一の正しい解釈だ」と断定できるものはない。ある宗教的天才の口からその句が出たときには、「こういう意味を伝えたい」という明確な意図はもちろんあっただろう。しかし、それが後世の人間によってヘブライ語やギリシャ語、アラビア語、そして日本語などの一定の言語として書きとめられた時点で、まず翻訳によってオリジナルの意図が曲げられる可能性がある。さらに、それらの〝聖句〟は、もっと時代を下って別の人間によって再解釈されたり、再編集されることも珍しくなく、教会組織や宗教会派が確立した後においては、それらの組織の都合によって取捨選択されたり、オリジナルには存在しない教えが新たに付け加えられることさえある。

このような事例は、世界の大宗教において普通に存在するから、現代の人間が何千年も前に成立したこれらの宗教の経典を解釈する場合は、「オリジナルの意味はこうだ」と断定できる根拠はほとんど残っていないのである。それでも、現代の宗教家は、宗教経典にもとづいて教えを説かねばならない。ということは、ある程度の解釈の自由が許される方が、そうでないよりもオリジナルの意味を継承できる可能性を残しており、さらに、現代の要望に合致した教えの解釈を生み出す余地も残してくれるのである。

そういう理由で、私は聖書の聖句の解釈は何種類あってもいいと思う。だから、青山氏の解釈を否定するつもりはない。が、それと同時に、別の解釈を提示する自由も許されるべきと考える。というわけで、私はここで青山氏とは少し異なる見方を示そうと思う。

前掲の聖句は『ルカによる福音書』では第十三章二十九節にあるものだが、よく知られているのは、これと似た喩えが『マタイによる福音書』の第七章十三〜十四節にもあることだ。新約聖書の最初の三つの福音書は「共観福音書」と呼ばれていて、互いに呼応する似通った物語や喩え話がいくつも含まれている。多くの聖書研究者は、これらの福音書には共通する〝元の文書〟か〝元の言い伝え〟があって、それから派生したものが現在の四福音書になったと考えている。もしこの考え方を採用すると、イエスの喩え話を解釈する場合、似通った話が他の福音書にあるものは、そういう別の話も参照して、複数の話の意味を総合的にとらえる方法が望ましいとも言える。

　そう考えると、『ルカ』の話の意味を『マタイ』の話を参照しながら考察する意味が了解できるだろう。そこで私は、『マタイ』にあるイエスの似通った言葉を日本語訳で二種ここに掲げてみる。最初は口語訳の聖書、二番目は新共同訳の聖書からの引用である——

狭い門からはいれ。滅びにいたる門は大きく、その道は広い。そして、そこからはいって行く者が多い。命にいたる門は狭く、その道は細い。そして、それを見いだす者が少ない。（口語訳）

狭い門から入りなさい。滅びに通じる門は広く、その道も広々として、そこから入る者が多い。しかし、命に通じる門はなんと狭く、その道も細いことか。それを見いだす者は少ない。（新共同訳）

『マタイ』にある話は、二つの訳がともに「狭い門」であるのに対し、『ルカ』の方は口語訳も新共同訳も「狭い戸口」という語を使っている。また、英語の Good News Bible という聖書でも、『マタイ』は the narrow gate であるのに、『ルカ』は the narrow door となっている。そこから想像すると、新約聖書の原語であるギリシャ語では『マタイ』と『ルカ』では違う言葉が使われていたのではないか。しかし、『ルカ』の喩え話では、この戸口は「神の国」への戸口であり、『マタイ』では「狭い門」は「命にいたる門」だと表現している。だから両者は、違う言葉を使いながらも、だいたい同じことを言わんとしていると解釈できるだろう。すなわち、宗教的な魂の喜びにいたる道は狭く、そこを行く人は少ない、ということだ。

　それならば、なぜこの「狭い戸口」へ向って「人々が東から、西から、北から南からやって来て、神の国で食事の席に着く」のだろうか。青山氏は「民族や文化の違いを超えて、非常に多くの人が救われる」と解釈しているが、「非常に多く」という意味の言葉は、聖書の原文のどこにもない。『ルカ』の喩えが『マタイ』のそれと同じことを表現しようとしているならば、むしろ反対に、その戸口は「見いだす者が少ない」とはっきり書いてあるのである。

私は、この『ルカ』の話は、青山氏の解釈から「非常に多く」を除いた意味を表現していると解釈する。つまり、「狭い戸口」は見つけにくいが、そこへ入れば「民族や文化の違いを超えて人は救われる」ということだ。そう考える理由は、『ルカ』の喩え話の全体の文脈を知れば分かるのである。

この喩え話の文脈を示すためには、少し長くなるが、全文を『ルカ』から引用しなければならない。

> さてイエスは教えながら町々村々を通り過ぎ、エルサレムへと旅を続けられた。すると、ある人がイエスに、「主よ、救われる人は少ないのですか」と尋ねた。そこでイエスは人々にむかって言われた、「狭い戸口からはいるように努めなさい。事実、はいろうとしても、はいれない人が多いのだから。家の主人が立って戸を閉《と》じてしまってから、あなたがたが外に立ち戸をた

たき始めて、『ご主人様、どうぞあけてください』と言っても、主人はそれに答えて、『あなたがたがどこからきた人なのか、わたしは知らない』と言うであろう。そのとき、『わたしたちはあなたとご一緒に飲み食いしました。また、あなたはわたしたちの大通りで教えてくださいました』と言い出しても、彼は、『あなたがたがどこからきた人なのか、わたしは知らない。悪事を働く者どもよ、みんな行ってしまえ』と言うであろう。あなたがたは、アブラハム、イサク、ヤコブやすべての預言者たちが、神の国にはいっているのに、自分たちは外に投げ出されることになれば、そこで泣き叫んだり、歯がみをしたりするであろう。それから人々が、東から西から、また南から北からきて、神の国で宴会の席につくであろう。こうしてあとのもので先になるものがあり、また、先のものであとになるものもある」。

(口語訳、第十三章二十二〜三十節)

この文章を読むと、全体から得られるのは、「主人」が家の戸を閉じてしまったならば、かつてその主人と一緒に飲み食いをし、また教えを聞いた人々であっても「神の国」に入ることはできず、かえって遠くのあらゆる方向から来た人々が先に「神の国」に入ることになる、という意味合いである。つまり、「神の国」に入るのは「大勢」か「少数」かが問題ではなくて、「狭い戸口」を見つけなければ、かつて近くにいた人々でも、遠くにいた人々に先を越されるということである。「近くにいた人々」が誰かと言えば、それは「アブラハム、イサク、ヤコブやすべての預言者たち」の近くにいて、しかも主人と「一緒に飲み食い」した人々であるから、これはユダヤ人のことを指すと解釈できる。そうすると、東西南北から来て「神の国で宴会の席につく」のは、ユダヤ人以外のすべての民族だと解釈できる。したがって、「狭い戸口から入れば、民族や文化の違いを超えて人は救われる」という意味になるのである。

私は、この喩え話には生長の家の「万教帰一」の教えに通じるものがあると考える。なぜなら、宗教上の救いは、ある特定の民族や文化を前提とせず、「狭い戸口から入る」という共通点から生じる、とこの喩えは教えているからだ。福音書の成立は紀元七〇～一五〇年と考えられているから、国際化が進んだ現代ではなく、今から千八百年も前の中東で、このような考えが述べられたという事実は驚くべきことである。

それでは、多くの人々が見出せずにいる「狭い戸口」や「狭い門」とは一体何だろうか？　これは大いなる公案と言えるだろう。青山氏は、「ひたすら神の愛と憐れみにすがる謙虚で素直な心になる」ことと解釈したが、私は「神の恵みを常に感じて感謝する」ことと捉える。

『マタイ』の喩えの中に「それを見いだす者が少ない」と書かれていることに私

は注目する。「狭い門」は、体の大きさに対して小さいから入りにくいのではなく、「見出す」のが難しいのである。また、『ルカ』の喩えの中の「狭い戸口」は、外に立って戸をたたいても追い返される人々がいる一方、別の人々は先に入ってしまうのである。これは「見つけにくい」というよりは、「入る条件を問われる」と考えるべきだろう。その条件は物理的なものではなく、心的、あるいは霊的なものであるに違いない。そう考えると、「狭い門」と「狭い戸口」に共通する入門の条件は、「心に何を見るか」という心的態度にかかると解釈できるのである。

私たちは、日常生活の中で「狭い戸口」を見つけることは少ないだろう。それは「心に何を見るか」という面で、多くの場合誤った選択をしているからではないか。前節で書いたように、現代人の生活は自己目的のための〝意味優先〟の視点で固まっていることが多い。このような視点からは、「善」と「悪」の二者対立の構図が幻のように立ち現れてくる。そして、この二者いずれの分類にも入らないものは「非存在」の彼方に追放されてしまいがちだ。それは、神が追放するのではなく、私たちが心で作り上げた「意味の世界」が心を占有することによって、そこに「本当にあるもの」が覆い隠されてしまうのである。

真象と偽象

私は先に〝意味優先〟と〝感覚優先〟の視点を紹介し、前者の視点で見るとつまらないものでも、後者の視点に切り替えると、その価値が認められる場合があると述べた。そして、「感覚は私たちを直接感動へと導くことができる」と書いた。しかし、それは、感覚の刺激によって「本当にある世界」を知ることができるという意味ではない。それでは、快楽主義と何も変わらないだろう。私が言いたいのは、私たち人間にとって、肉体はこの世における表現の唯一の媒体だから、肉体の付属器官である感覚からのメッセージをないがしろにするな、ということである。

すでに何回も書いたように、「人間が感覚する世界（現象）と本当にある世界（実相）は異なる」というのが生長の家の信仰の基本である。だから、感覚によって直接〝神の国〟や〝仏の浄土〟を見たり、感じたりすることはできない。私たちにできるのは、感覚を通しながらも、感覚の背後にある「本当の世界」を知ることである。もちろん、感覚を通して知るものの中には「ニセモノ」や「悪」や「迷い」なども含まれる。それらはしかし、私たちの心に不快感や拒絶感を生み出すことは、「悪」の問題を扱った節ですでに述べた通りである。つまり、私たちは現象生活を送りながらも、「ニセモノ」や「悪」や「迷い」を判別する力をもっているのである。

生長の家では、このような悪現象を、「実相には存在しない偽りの象《かたち》」という意味で「偽象」と呼ぶ。これに対して、現象の中で真実の存在（実相）を反映するもの――「ホンモノ」や「善」や「悟り」など――を「真象」と呼んでいる。私が読者に〝感覚優先〟の視点をもつことをお勧めするのは、日常生活の中に（偽象ではなく）「真象」が数多く存在することにもっと気づき、それらをもっと実感していただきたいからである。

本書で提唱する「日時計主義」も結局、そのような真象をより多く見るための考え方であり、真象を感じるための実践である。日常生活の中で「偽象」に注目し、あるいは自分の欲望から来る「不足」を認めて不満を募らせる人と、生活のあらゆる面に「真象」を見出し、すでに与えられている仏の「慈悲」や神の「恵み」を感じて感謝する人――神の国で宴会の席につくのがどちらかは、もはや説明を要しまい。

第二部　日時計主義講演録

1　幸福の輪を広げよう

〝信仰の原点〟がここに

皆さま、本日はおめでとうございます。（拍手）

すでに皆さまもご存じのことですが、今日三月一日が立教記念日になっているのは、この『生長の家』誌の創刊号――私も持ってきましたが――の奥付に、「昭和五年三月一日発行」とあるからです。谷口雅春先生は「この日を運動の出発点にしよう」と決められたわけで、それを記念して毎年、ここに皆さんがお集まりいただいて立教記念日をお祝いしてきたわけであります。

私も例年、立教記念日にはこの創刊号を開いて、そこに表れている生長の家の立教の精神を皆さんと一緒に反芻《はんすう》し、それを新年度の運動の原動力として、我々の〝信仰の原点〟として確認していこうと思うわけであります。

先ほども引用された「『生長の家』出現の精神とその事業」というご文章には、世の中は今、大変悲惨《ひさん》であるという意味の言葉が出てきます。正確に引用すれば、「人類は今危機に瀕している。生活苦が色々の形で押し寄せて人類は将《まさ》に波にさらわれて覆没《ふくぼつ》しようとしている」と書いてあります。私たち平成の日本に生きている人間には、この言葉はあまりピンとこないかもしれません。私ももちろんその時代に生きておりませんので、当時のことを詳しく知りませんが、歴史の文献などに当たってみると、大変な時代であったことが分かります。

このことは、私はすでに『信仰による平和の道』（生長の家刊）の中にも書きましたが、生長の家が立教された昭和五年は西暦一九三〇年であって、その前年（一九二九年）の秋、十月にニューヨークのウォール街で株価が大暴落し、それをきっかけとして世界恐慌が起こり、その混乱のまっただ中にあったのであります。日本でも昭和恐慌というのがこの年あたりから始まっている。巷《ちまた》には失業者があふれ、物価も大暴落し、経済状態も無秩序になっている時代でした。そのように社会に暗雲が立ち込めている中で、谷口雅春先生と輝子先生はこの運動を「人類光明化運動」として始められたというところが大変重要だと思います。谷口雅春先生は、暗黒のただ中で人類を救うために「光明化」運動をしようとされ、単に日本だけを救うのではなく「人類」全体を救うために生長の火を掲げる、という宣言をされている。日本ではその後、昭和六年の秋に満州事変が勃発して、いよいよ本格的な戦争の時代に突入していくことになりますが、そういう歴史的背景を考えてみると、生長の家の教えの原点は「光明思想」であるということが分かると思います。

私が時々この『生長の家』の創刊号から引用するのは、「日時計主義の生き方」というところでした。「日時計主義」については、もう皆さんも充分ご存じと思いますが、一言で言うと「われは太陽の輝く時刻のみを記録する」ということです。それが日時計という道具の仕事ですから。太陽が照っていないときには、日時計は文字盤に影を落とさないので時刻を記録しない。太陽が照っているときには、影によってその時刻を記録する――そういうふうに私たちも、人生の中の「明るい時」だけを自分の心に印象づけて生きるのが生長の家の生き方であるというわけです。

礼拝主義

今日は、その「日時計主義」の次に書いてある「礼拝主義」ということを、皆さんにご紹介したいと思います。同様の趣旨のことは、『生命の實相』頭注版第七巻にしっかり書いてあるので、皆さんの中には覚えていらっしゃる方がいると思いますが、ちょっと読んでみます：

3.『生長の家』は礼拝主義で生きる。

これは『日時計主義』を他人に及ぼした場合であるとも云える。『日時計主義』は一言にして云えば自分の悲しみの日を心にも言葉にも記録しないのだが、礼拝主義は他人の悪を心に記憶せず、言葉にも表現しないで、相手の本質の神を拝むのである。キリストも云ったところの『汝の敵を愛せよ』と云う信条に一致する。

　諸君よ、今日かぎり、他人の悪にしばられないところの高貴な心を自分のうちに取戻そう、他人が悪を犯したからって、自分が何故不幸にも、憎みの歯車で噛みくだかれねばならないのであろう。あなたの心は他人の悪の餌食となって食われて了わねばならないような一片の肉塊ではないのである。あなたの心は何物にもしばられないで、それ自身で幸福になり得ると云うことを知らねばならぬ。自身の心の高貴を取りもどせよ。自由と独立とを奪回せよ。相手が下劣なことをすると思うならば下劣な者と対等になって争うことの愚を知らねばならぬ。相手が愚劣になったとき、自分もまた、高貴の階段から降りて往って下劣と肩を並べねばならぬと云うことはないのである。

（同誌、二二一～二二三頁。原文は正漢字、旧仮名遣い。以下同じ）

少し飛んで、「こういうことがどうやって出来るか」が書いてあります：

『生長の家』では万人のうちに、ただ神の子の存在のみを見る。ここに於て吾らの人生観は全然転回せざるを得ない。暗い人生観は明るい人生観にとって代られる。吾らはおのずからすべての同胞を太陽の光の中で見ることになる。

これは実に幸福生活の秘訣である。キリストは『汝の敵を愛せよ』と云ったが、もう此のとき諸君の世界では敵が存在しないのである。

さて、どうしたら其麼《そんな》境地に達し得るか。それを自分は語らねばならぬ。他《ひと》が現に眼の前で自分に対して面白くないことをしているのに、どうしてその人の内にある神を吾等は拝み得る境地に達し得るか。それには先ず心的《メンタル》練習《トレイニング》を必要とするのである。現に悲しい事件があるのに鏡の前で出来るだけ愉快な顔をし、これによって悲しみを征服して、ついに自分のヒステリーを根治した婦人のように、諸君は相手の美点を出来るだけ心に描くように練習しなくてはならぬ。それは必ず練習によって到達し得るのである。何故なら見せかけの悪は低迷する雲のように仮相の存在であって、どんな曇った日にも本当は青空がその奥に存在するからである。相手が自分にたとい悪意を抱いていると信ずべき根拠があるにしても、相手の好意を見るようにするのである。相手の愛を自分の心の中に想像する。そして強く強く自分の心のうちに印象する。

（同誌、二五～二六頁）

谷口雅春先生はこのように書いていらっしゃって、こういう考え方が今日も、我々の日常生活の指針として教えられているわけです。私たちが練成会などへ行って、いつも「ありがとうございます」と言い、会ったこともない人にも合掌するのは、「相手の神性を拝む」ということの礼拝主義の実践ですね。それから、練成会では「笑いの練習」ということもやります。これは「朗らかに笑って生きよ」という日時計主義の実践です。それから「実相円満誦行」というのをやりますが、これもすべての人・物・事の奥に宿る「実相」を心で見つめる――つまり礼拝主義の練習の一つであります。さらに、皆さま方が家庭でもやっている『日時計日記』をつけることとか、学校などに「讃嘆箱」を設けるということも、すべてこの創刊号で説かれている教えの具体的実践である。そう考えていくと、我々の運動の実に〝原点〟とも言えるものが、この創刊号の中で説かれていることがお分かりいただけると思うのです。（拍手）

先進的な幸福増進運動

ここで『日時計日記』とか「笑いの練習」とか「日時計主義」などと言うと、「そんなことはずいぶん前から知っている」という方もいらっしゃると思うのですが、しかし、この創刊号に書かれていることは少しも古くないということを最近、私は改めて教えていただきました。ここに持ってきたのは、二〇〇五年二月二十八日付のアメリカの時事週刊誌『*TIME*』です。このあいだ出たばかりの最新号ですが、この号では特集を組んでいます。表紙には「THE SCIENCE OF HAPPINESS（幸福の科学）」という題が付いていますが、この英語は日本語に訳すと、どこかで聞いたような言葉になります。（笑い）

この号には、今までの心理学とは違った新しい心理学の研究成果が十七頁にわたってまとめられています。全部紹介するわけにはいかないのですが、ごく一部をかいつまんで申し上げますと、古い心理学というのは、私たちの心の状態を数字で表すとして、一番悪い状態――例えば、自殺寸前の状態――を「マイナス５」とした場合、それを「０《ゼロ》」にまで引き上げるのが古い心理学だったというわけです。つまり、神経症や心身症を治療して普通の状態にすることが目的だった。しかし、今は心理学者の間で「ポジティブ・サイコロジー（positive psychology. 積極的心理学）」の運動が盛んに行われているそうです。このポジティブ・サイコロジーというのは、心の状態が「０《ゼロ》」の人――つまり、普通の状態の人を「プラス３」や「プラス５」に引き上げるという積極的な目的をもって、研究が進んでいるというのであります。

　記事にはいろいろなことが書いてありますが、その一部を紹介しますと、「人間は何をもって幸福を感じるか」というようなことについても、いろいろな調査結果が明らかになっています。我々の普通の発想では、「お金があれば」あるいは「収入が増えれば幸福を感じる」と考えますが、実際に調べてみるとそういうデータは存在しないのですね。「収入が増える」ということは幸福感の増大にはならない。また「教育が向上する」――いわゆる「知識が増える」ということも幸福感の向上にはつながらず、もちろん「IQ（知能指数）が高い」ことも幸福感とは関係がない。では、「若い」ことが幸福の源泉かというとそうでもなくて、むしろ年寄りの人の方が若者よりも幸福を感じて生きているそうです。それから、「あくせく仕事をしないでテレビの前でボーッとしているのが幸せか」といったらそうではなくて、テレビを見る場合、むしろ「一日三時間以上見ている人は、それ以下の人よりも不幸である」（笑い）、「幸福感が少ない」という研究結果が出ているんですね。

では、何が私たちの幸福感を増進するかというと、それは「宗教上の信仰である」と書いてあります（拍手）。それから「温かい友人関係や家族関係」（拍手）、さらに仕事も毎日同じことを型通りにやるのではなく、「自由度のある仕事をする」ことに人間は幸福を感じるということが分かっています。

さらに、こういう研究結果を実生活に生かして幸福に生きるためにはどうすればいいか――その方法についてもいろいろ書いてあります。実に興味があるのですが、それによると「gratitude《グラティチュード》 journal《ジャーナル》」とか「gratitude exercise《エクササイズ》」が大切だというのです。「gratitude」とは「感謝」という意味で、「journal」とは「日記」です。また「exercise」は練習です。だから、これを訳すと「感謝日記」（拍手）であり、「感謝の練習」ですね。「感謝することが幸福感の増進になる」ということで、こういう話はどこかで聞いたことがありますよね（笑い）。我々がもうずいぶん昔から提唱し、実践している考え方とまったく同じなのです。人の美点を見つけてそれを記すことが幸福生活の出発であり、幸福感の増大になる。そしてさらに幸福を広げるためには「performing《パフォーミング》 acts《アクツ》 of《オブ》 altruism《アルトゥルイズム》」とあります。これを訳すと「親切行の実践」ということです（拍手）。こうなると、心理学なのか宗教なのか分からなくなってきますが（笑い）、そういうことが幸福生活の実現にとても有効であるということが分かってきているわけです。

　こういう研究をしている心理学者の一人に、マーティン・セリグマン博士(Martin Seligman)がいますが、その人によると、幸福感を最大にする方法の一つは「gratitude visit《ビジット》」だというのですね。「gratitude visit」――これを日本語に訳すと「感謝訪問」ですよ（笑い）。これは講習会推進の際の感謝訪問とはちょっと違いますが（笑い）、どういうことをするのかといえば、今までお世話になって恩義を感じている会社の上司とか、お祖父さんとかお父さん、親戚の人、友人などの中に、まだはっきりと感謝の思いを表現していない相手がいたならば、そういう人に手紙を書くのです。「私はこういうときに、あなたからこういう言葉を頂いて、あるいはこういうことをしてもらって、それがこんなに役に立って、今はこんなに幸福に暮らしています」というような内容の手紙を書く。そして、その手紙を持って本人を訪ねて、本人の前で手紙を朗読するというのです。この「gratitude visit」を行うと、その後一ヵ月は幸福感が持続する（笑い）のだそうです。

私たちは、こういう「感謝の重要性」とか「感謝行」や『日時計日記』の功徳などについては、谷口雅春先生によって前々から教わって知っているのですが、それが立教から七十六年たった今になって、やっと現代の心理学で研究され、「正しい」と言われるようになっている。我々はだから、正しい幸福生活というものを先頭切って実践してきた先進的団体だと言えるのです（拍手）。

もう一つ申し上げると、生長の家には「肉体は心の影である」、あるいは「心のもち方が肉体の状態を左右する」という教えがありますが、これも今では医学の常識のようになってきつつあります。癌の治療などにも「笑い」によって免疫系を活性化させる方法などが導入されているし、〝ペット療法〟とか〝箱庭療法〟とか、心と免疫系の関係を説いた本は書店にいっぱい並んでいます。

そういう意味で、生長の家の教えと運動は大変〝先進的〟であって、そのような伝統に基づいた私たちの運動は、今日までの人類の幸福増進に大いに役立って来ているのであります（拍手）。人々の幸福に役立っている運動ですから、これをもっともっと広げていけば、必ず国家と国家の間の幸せの増進――つまり平和の実現にも役立つはずです（拍手）。私たちは今日、「個人の幸福」の実現からさらに進んで、「信仰によって平和の実現を目指す」という段階に来ていると言えます。

皆さま方も大いに神への信仰を深め、真理への自信を深めていただいて、周りの人々にみ教えを正しく伝え、できるだけ多くの人々に幸福生活を実現していただく運動を展開していただきたい。と同時に、機会を見つけて、日本以外の国の

人々にもどんどんみ教えを伝えて、世界中に喜びと幸福の輪を広げていただきたいと思います。(拍手)

今日の立教のおめでたい記念日に当たって所感を述べさせていただきました(拍手)。皆さん、これからもよろしくお願いいたします。(拍手)

立教七十六年生長の家春季記念日祝賀式での言葉
二〇〇五年三月一日・生長の家本部会館ホール

2 目的と手段は一つ

皆さん、ありがとうございます。（拍手）

本日は谷口雅春大聖師の御生誕日と生長の家総裁法燈継承の記念日に、全国から、また海外からも大勢集まっていただきまして、本年度の運動も後半に差し掛かった時点で顔を合わせて、お互いの「神の子」の実相を讃え合う素晴らしい式典をもてましたことを心から感謝申し上げます。（拍手）

今日は本来ならば、私の話とともに谷口清超先生のお話を聞いていただくはず

でございますが、先ほどの説明の通り、谷口清超先生は今年二月に体調を崩された後、公式の行事を遠慮されていて、今日も私が代行させていただくことになりました。

私は、講習会で各地へまいりますが、そうでないときは毎朝、先生のお宅に夫婦二人でお参りに行き、その後、先生の寝室を訪問してご挨拶を申し上げます。たいてい先生は起きていらっしゃるので、手を差し伸べて握手をして、少し会話をいたします（拍手）。今回も、二十日の朝、東京を発つ前にご挨拶を申し上げて、「今日は秋季大祭に行ってまいります。参列者の皆さんに何か申し上げることはありますか？」と聞きましたら、「何もない」（笑い）とおっしゃったので、私に「思ったようにやれ」ということだろうと考えまして、今日は私が最近、気がついていることを皆さんに申し上げたいと思います。（拍手）

“小旅行”の楽しさ

私は、二十日の昼間に東京からこちらへまいりました。毎年のことなので、皆さんも感じておられると思いますが、秋季大祭のころは、ちょうど日本では紅葉が進んでいる。総本山もこれから美しい季節になるので、私はいつもここの紅葉を眺めることを楽しみにしながら来させていただいております。最近は地球温暖化が進んでいて、全国的に紅葉が一、二週間遅れているという発表が気象庁からありましたが、「それでも少しは紅葉しているだろう」と思ってこちらに来させていただきました。

私の場合は、長崎空港から一時間十五分くらい自動車に揺られて総本山に到着いたします。今日はちょっと雲が多いようでありますが、昨日は大変素晴らしい天気でありましたが、二日前も大変良い天気でした。ですから、大変すがすがしい気分で、美しい空と深く青い大村湾を眺めながら自動車に揺られてきて、あまりに気持がいいので途中から眠ってしまいました。（笑い）

私は以前、「谷口雅春先生は東京からあんなに遠い所にどうして生長の家総本山を造られたのだろう？」（笑い）と考えていたことがありますが、最近ではそう思わなくなりました。なぜかと言いますと、皆さんも忙しい生活を過ごされていると思いますが、「便利で早いのがよい」という効率優先の日常生活を過ごしていますと、こうして飛行場から一時間以上かけて――バスで来られた方はもっと時間がかかると思いますが――その道中で周囲の景色を眺めながら目的地に着くという、いわゆる〝小旅行〟をさせていただくことが大変ありがたいことに気がついたからです。（拍手）

講習会で開催地へ行くのと比べても、沖縄と北海道の一部を除けば、恐らく総本山は行くのに時間がかかる場所の一つです。ほとんどの開催地は、飛行場や駅から一時間以内のところです。そういう意味で、あまりその土地の風土や自然を眺める時間がない。だから、こういう機会はありがたいのです。

正しい手続きを踏もう

今回ここへ来た目的は、お祭りをさせていただくためです。が、その目的の実現のためには、やはりある程度きちっとした手続きを踏んで——つまり、一時間十五分の道中を省略しないという「正しい手段」を使うことが大切であると思います。そうすることと、長崎空港から総本山までヘリコプターに乗るということの間には、大いに違いがある。

先ほども申しましたが、最近は「効率優先で何でも早いのがいい、連絡も早く取れるのがいい」という時代です。皆さんも今、携帯電話をお持ちだと思いますが、インターネットや携帯電話があり、飛行場も増設されています。神戸に飛行場を作るということも進んでいるし、佐賀空港もできました。そういう〝便利〟な時代になってくると、どうしても「目的のためにあらゆる形の手段を講じよう」というような考え方に傾きがちです。けれども生長の家では、谷口清超先生がいろいろな所で「目的を達成するためには正しい手段を使う」「無理な手段、不正な手段を使ってはいけない」ということを説かれています。目的が正しくても手段を誤ると結局、目的の正しさが失われるということがあります。

　少し大きな実例を申し上げますと、今のイラクで行われている戦争でも、確かに目的は「テロをなくし、強権的な政治家の支配を止めさせて、民主制度を確立する」などと言われています。そういう目的は「正しい」と言えるでしょう。しかし、手段に「無理」や「不正」がありますと、大きな犠牲を生んだり、あるいはその過程で正しくないことが続々と生じてきたりする。拷問とか、汚職とか、隠蔽《いんぺい》工作とか……そういうことを、私たちはニュース等を通じて今目撃しているわけです。

　ですから、私たちの運動は「正しい目的」に向かって進んでいることは疑いありませんが、ぜひ皆さんも、それにいたるまでの過程や手段を〝ショートカット〟（近道）しようとして、「誤った手段」「不正な方法」を使わないでいただきたいのです。

　最近はなくなったと思いますが、講習会の受講者を増やすのは大変素晴らしい目的であり、それはありがたいことですし、光明化運動の前進と言えますけれど、「数字を増やす」という点に執着して、「目的はいいのだから、手段にはちょっとくらい目をつぶって」と考えて、講習会に行く気のない人を無理に誘って——例えば、出入りの業者に仕事の一環として来てもらって、用意したお弁当だけ食べたら帰ってもらったり（笑い）、あるいは、昔は近くの公園にいるホームレスの人を弁当で誘って（笑い）、それを食べて帰ってもらったりしたというような話を——本当か嘘か知りませんが（笑い）——聞いたことがあります。

確かにホームレスの場合は慈善行為と言える面もありますが、しかし手段を誤りますと、「生長の家とは、受講者を物や金で釣るいいかげんな宗教である」という印象を与え、かえって悪宣伝になります。だから「正しい目的」のためには、多少時間や手間がかかっても着実に「正しい手段」「正しい過程」を踏んでいく。英語では「due process」と言いまして、「正しい手続きを踏む」ということですが、民主主義を進めるためには大変重要なことの一つです。最近、私は、そういうことを痛感しているのであります。不正な手段では、正しい目的には決して到達しないのです。

現象世界を正しく進む

私がインターネットのウェブサイトで「ブログ」を書いていることは、多くの方がご存じだろうと思いますが、そこに最近書いたことがあります。講習会の受講者からの質問に、こういうものがありました。

「人間の実相が完全円満ならば、どうしてそれが簡単に現象界に現れてこないのか？」

皆さんもこういう質問に出会うことがよくあると思います。「人間が神の子だったら、どうして悪いことをするのか？」「実相完全円満だったら、すぐに実相が出てきていいじゃないか？」――そういう種類の質問です。しかし、私たちが現象世界に生まれて来るのは、「手続きを正しく踏む」練習をするためなのです。私たちは子供のころは立って歩けないし、言葉もしゃべれない段階を経て、言葉を覚え、立って歩くことを覚え、学校へ行きながら体が成長する。肉体もそのように逐次《ちくじ》「正しい過程」を一歩一歩踏んで成長していくことになっている。心も同じでありまして、例えば、肉体が成長していないのに精神が大人になるということがあるそうですね。またその逆に、小学生のような年齢なのに、肉体は老人になってしまう――こういう例は、現象界では「病気」と呼ばれるのです。そういう意味でも、私たちは「正しい過程」を一歩一歩踏んで成長していくところに喜びがあるということを、皆さんもぜひ多くの方々に伝えていただきたいと思います。

この社会で起こっている「汚職」とか「詐欺《さぎ》」とか、最近では建築士による仕様書の「偽造」などが報道されましたが、あれは正しい手段で正しい対価を得るのではなくて、金銭的な目的を優先して、手段を歪めることで、より安価に、より早く、より多くの対価を得ようというわけです。そういうことが社会悪の原因になっている。だから、我々の運動に於いても同じ間違いをしてはいけない。そのことにぜひ気づいていただきたい。

人生は喜びの過程を味わうもの

人生とは登山のようなものであります。「登山は苦しいか、それとも楽しいか」と考えると、人それぞれの見方によってどちらにもなるのです。二日前（十一月二十日）に、マラソンの高橋尚子選手の劇的なカムバックがありましたが、あそこまで行くには大変な苦労をされたと思います。でも、一位でゴールすれば、それまでの苦労は全部楽しみに変わってしまうでしょう。苦楽の間には、そんなに開きがあるわけではない。

そういう意味で「登山」を人生に喩えて考えてみると、私たちはいろいろな登り方ができるわけです。一つの山には普通、いくつも登山道がある。しかし、いったん一つの登山道を選んだら、その道を自分で歩いていく以外に仕方がないわけです。それを「不幸だ」と思えば不幸である。しかし「楽しい」と思えばこれほど楽しいことはない。その過程では、仲間と一緒に談笑することもあるだろうし、自然の美しい風景を眺めたり、鳥の声を聞いたり、道端の花を観賞したり、おいしい新鮮な水を飲んでみたりする。あるいは汗をかいたり、疲れたりすることもあるでしょう。しかし、明け方の静謐《せいひつ》な山の雰囲気に触れ、あるいは壮大な日没を見ることもできる。そういう登山の「過程」と、登山する「目的」とは切り離せないのです。山頂へ着くのが目的だからと言って、ヘリコプターに乗ったり、ロープウェイに乗ってしまったら、それはもはや「登山」とは言えない。

　私たちは皆、「人間・神の子で永遠不滅の生命である」と教わっている。だから、目的さえ達成すればいいということになると、生まれた途端に「あなたは永遠不滅の神の子だから、肉体みたいなムダなものはいらない」と言ってその「手段」を否定すれば、それは殺人を犯すことになるかもしれない。しかし、これは大変な間違いでありますね。だから、私たちは与えられた「人生」や「肉体」、そして自然環境というものをしっかり受け止め、感謝して使い、味わうことが大切です。そこに私たちの人生の大いなる喜びがある。他と比べて不足している点を呪《のろ》うのでは、苦しみしかない。手段と目的とは不可分で一体であることを、多くの人に伝えていただきたいと思います。

「日時計主義」を復興しよう

生長の家では、谷口雅春先生が『生長の家』創刊号（昭和五年三月一日発行）を発行されたときに「日時計主義」の生き方を提唱されました。私も以前、この場でこの話をしましたが、「日時計主義」というのは、人生の明るい面を認めて、それを褒めたたえ、その明るさを人々と共有することです。昭和初期の暗い時代に、運動の出発点で先生がそれを強調されたということは、これが生長の家発祥の精神の一つであり、運動の〝背骨〟になっているということです。皆さんは、この機会にぜひそれを思い出して、多くの方々に生長の家のみ教えを伝える中で、人生の明るい面を大いに喚起する運動を展開していこうではありませんか。

残念ながらマスメディアはその反対をやっていますが、私たちはそうではなく、人生の光明面を見て、それを表現しながら真理宣布の運動を世界中で力強く展開していきたいと、このおめでたい記念日に際して改めて感じる次第であります。

どうぞ皆さんは教区に帰られても、この「神の子の実相」を表現する生長の家の運動を、ぜひ明るく正しく遂行していただきたいと思います。ご清聴ありがとうございました。（拍手）

谷口雅春大聖師御生誕日記念・生長の家総裁法燈継承日記念式典での言葉

二〇〇五年十一月二十二日・生長の家総本山

3　日時計主義を実践しよう

総裁先生にごあいさつ

皆さん、新年明けましておめでとうございます。（拍手）

今年も皆さんと一緒に、新しい年を健康に迎えられることを神様と皆さんに感謝申し上げます。ありがとうございます。（拍手）

本来でしたら、私がこの時、この場に立つだけでは足りないのでありまして、

谷口清超先生が最初に皆さんにごあいさつを申し上げるところでございますが、総裁先生は、昨年二月以降、ちょっと体調を崩されて静養されております。しかし、ご存じの通り、機関誌に毎月ご文章を書かれていますので、皆さんもそれを読まれながら先生のご様子を想像されているのではないかと思います。

ところで総裁先生は昨年の暮れに、新しいカメラを購入されました（拍手）。先生がカメラを趣味とされていることは皆さんもご存じと思います。先生のご著書のカバーは長い間、ご自身が撮られた写真で飾られています。これまでカメラも、ニコン製のどっしりと重い一眼レフのデジタルカメラを使っておられましたが、昨年末、その上級の新しい機種を買われたのです。そして、今は寒さが厳しいですから外に出ることはできませんが、時々、自宅の二階へ上がられてお花などを撮られているということであります。

今日も、朝のお参りの後で、総裁先生の寝室にお伺いして新年のごあいさつを申し上げてまいりました。その時に、「今日は新年祝賀式ですから、皆さんに何か言うことはございませんか？」とお伺いしましたら、ちょっと考えられまして、それから何とおっしゃったと思いますか？　先生は、

「皆さんのおかげで生かさせていただいております」

とおっしゃいました。（拍手）

私が想像するところ、そのお言葉には二つの意味があるのではないでしょうか。一つは、皆さんが先生のご病状を気遣って平癒のお祈りをされていらっしゃることに対する、先生からの感謝のお言葉であろうと思います。もう一つは、「人間は皆、独りで生きているのではなくて、万物のおかげで生きている」ということをおっしゃったのかもしれません。そんな感慨をもちながら、私は総裁先生の手を握って退室してまいりました。

闇から光は生まれない

話は変わりますが、今年は戌《いぬ》年ということです。そこで、今年は「犬」がいろいろ話題になるかと思いますが、私も年頭に当たって「犬」に関する話を少ししたいと思います。（笑い）

幸い今日、元旦の日付で私の『小閑雑感 Part 4』（世界聖典普及協会刊）が出版されました。ご存じの方も多いと思いますが、私はインターネット上に「谷口雅宣のウェッブサイト」というのを開いていて、そこに「小閑雑感」というブログ（編注：文章や写真などを日記形式で掲載できるインターネットのシステム）を掲載しておりまして、昨年三月から六月までの分、九十四篇が今回一冊にまとまりました。

その中で、私は、五月十三日付で「人が犬に噛みつくとき」（同書一三〇〜

一三二頁）という題の文章を書きました。

「何がニュースか」と考えるときに、暗黙裡にジャーナリストが使うモノサシがある。それは「犬が人に噛みついてもニュースでないが、人が犬に噛みつけばニュースだ」というものだ。つまり、世の中で普通に起こる確率が少なければ少ないほどニュース価値が大きい、という考え方だ。

普通は犬の方が人間に噛みつきます。人間は、よほど腹が減っていないと犬には噛みつかないということです。（笑い）

この基準を、私は昔から批判してきた。なぜなら、この基準を使えば、世の中で起こりにくいこと――異常な事件、大犯罪、正視しがたい不幸な事故など――がメディアで大きく、頻繁《ひんぱん》に取り上げられることになるからだ。

しかも、このグローバル化した世界では、世界中の優秀なジャーナリストが競ってそれを行い、衛星放送のネットワークに乗って、世界中の異常事件、異常事故、異常災害が繰り返し、繰り返し、一般人のお茶の間に流され続ける。その結果生まれるのは、大規模な事実の歪曲《わいきょく》である。個々の事件や事故は、確かにその時、その場で起こっている〝事実〟だろう。しかし、異常事実ばかりが集められ、それがいつのニュースでも繰り返して放送され、印刷され、インターネット上に掲載され続けることによって、「稀な事実がいつも起こっている」という反事実が世界的に定着してしまうのだ。

そういう状況が今日起こっているわけです。

この大いなる矛盾を、世界のジャーナリズムが一顧もしないことを、私は嘆いていた。が最近、ジャーナリストの中にもこの問題を真面目に考えている人がいることを知って、うれしくなった。

二〇〇五年五月十一日の『ヘラルド朝日』紙（これは朝日新聞とニューヨーク・タイムズが共同で作っている英字新聞であります）にニューヨーク・タイムズのジョン・ティアニー氏(John Tierney)が「自爆テロ」報道の意味を問う論説を書いていた。ティアニー氏はまず、自爆テロがもう「稀な事件」でなくなってしまったと述べ、にもかかわらず、未だにテレビや新聞が自爆テロによる悲惨で残酷なシーン、人々の恐怖や嘆きを詳しく報道することの意味に疑問を投げかけている。そういう恐怖に満ちた報道をしてきたという彼自身の経験から、その意味を問うている所が重要である。彼によれば、どんな自爆テロも、もはや意味は同じだという。「罪のない一般人にこんな残虐な仕打ちをする反対派がいる」ということ以外は、それが伝えるメッセージはもうないというのである。

現地のジャーナリストは、もっと他の取材をしたいと思いながらも、自爆テロが起こると、上司の指示もあるから現場へ一斉に駆けつけ、同業他社の取材陣と競い合って、残酷で、悲惨で、不条理な事実を克明に記録するのだという。もうやめればいいのにと思いながら、それが何故かできない。そのことが、知らずしらずのうちにテロリストに協力することになる。なぜなら、テロの惨劇が広く報道されることで社会に「恐怖」が広がる。また、それを英雄的行為と考える少数の人々の間には「同調者」が増える。こうしてテロの目的は達成するからだ。

というわけです。これは報道の裏の話であります。

結局、闇から光を生むことはできない。闇を深く抉《えぐ》れば抉るほど、闇は黒い口をひろげていくのである。だから、世界のジャーナリストよ、もっと明るいニュースを伝えてほしい。テロリストが10人いたら、その1万倍、100万倍の数の人々は、家族のため、社会のため、異民族のため、他宗教のために延々と努力を重ねていることを……。「人は犬に噛みつく」のではなく、「犬は最古の人の友」であることを。

今こそ「日時計主義」が求められる

「犬は最古の人の友」というのは、東洋の諺《ことわざ》ではなくて西洋の諺です。太古の昔から人間は犬と一緒に生活し、犬に助けられてきたということです。それが当たり前で、人が犬に噛みつくなんてことは滅多に起らない異常事態です。どちらが真実かと言えば「当たり前」が真実なのです。

私はこの場で何回か、生長の家は昭和五年の発祥当初から物事の光明面のみを見る「日時計主義」を掲げてきたことを申し上げていますが、ここでも、ぜひそれを思い起こしていただきたいのです。

生長の家は「世の中の明るい面」「楽しい面」「素晴らしい面」に注目して、それを「コトバの力」によって褒めたたえ、引き出すことによって、すでにある「神の世界」をこの地上に現すための運動であります。昭和五年といえば中国への出兵や昭和恐慌が訪れるなど、政治的にも経済的にも大変暗い時代でありましたが、そんな時代に創始者、谷口雅春先生は「朗《ほが》らかに笑って生きよ」という言葉を掲げて生長の家を始められ、私たちは今日まで「日時計主義」の生活を大いに進めてきました。また、これからもさらに進めていきたいと思うのです。なぜなら、この「日時計主義」こそ、実相独在の信仰と唯心所現の真理を体現した生活の実践だからです。つまり、現実的にはまだ「光明」が充分現れていなくても、現象の背後にある実相を信じて、それをコトバで認め、引き出すことで、地上に「光明」が現れる――そういう信仰と原理なくして、日時計主義は成立しないからです。

私たちは今、雑誌や書籍などの印刷媒体を使った運動を展開していますが、明るいニュース、楽しい出来事は、インターネットや衛星放送などのもっと新しい手段で世界中に伝えることができますので、そういうことについても大いに工夫して、これからの光明化運動を進めていきたいと考えています。

さらに、「犬」にちなんで申し上げますと、昨年は「羊の顔をした犬」が出てきました。中国のことわざで「羊頭《ようとう》狗《く》肉《にく》」というのがありますが、これは「羊を売っている」という看板を掲げて、実は犬の肉を売っている――見かけと実質が一致しないというたとえです。昨年、「この建物は耐震設計がちゃんとしてある」ということを掲げながら、本当は鉄筋を何本も抜いてあることが判明する事件が明るみに出て、新年になっても、ずいぶん大きな影響が出ているようです。

一方、隣の韓国では、クローン胚からＥＳ細胞を作ったとして、世界的に有名な『*Science*』誌に発表した科学者が、実は何も重要な結果を得ていなかったということが分かってきました。

私たちは、こうした出来事からもしっかりと学びつつ、決して「羊頭狗肉」ではなく、正々堂々と正札を掲げた運動を明るく進めていきたいということを、年頭に当たって感じている次第であります。ぜひ皆さまと一緒に今年も力強く運動を進めていきたいと思います。

本年もよろしくお願いいたします。ありがとうございました。（拍手）

二〇〇六年一月一日　新年祝賀式での年頭の言葉

生長の家本部会館ホール

4　〃自他一体〃の喜びを伝えよう

自然をどう愛するか

皆さま、本日は立教記念日おめでとうございます。（拍手）

また雨の中、足場が悪いところを大勢お集まり下さいましてありがとうございます。皆さまと共に、この佳《よ》き日をお祝いできることを感謝いたします。（拍手）

今日は、冷たい雨天となりましたが、立教記念日を迎えることができたことは大変ありがたいことであります。そんな中で、皆さんは最近、気候がちょっと不順になってきていることにお気づきだろうと思います。

　昨年の十二月初め、気象庁が「今年の冬は暖冬である」と宣言した数日後から雪が降り始めました（笑い）。全国的に猛然と雪が降って、今までの日本の積雪の記録を上回るような大雪の年になりました。そして今、やっと春になってきている。三月からは春ですが、寒い日が続いているので、日本各地で花の開花が二週間くらい遅れているそうです。幸い今日、私の家の二階の窓から見ると、紅梅がちょうど七分から八分咲いて、大変きれいな姿を見せていました。静岡の河津では、早咲きの桜が八分咲きぐらいだと、今朝のＮＨＫテレビで放映しておりましたが、これからいよいよ桜の季節になります。

　生長の家では今、「地球温暖化の問題をもっと真剣に考えて、私たちのできることを積極的にやっていこう」という運動をしています。私たちは皆、自然を愛しています。春になったら喜ぶし、花が咲いたら皆喜ぶ。でも、宗教的に考えますと、われわれ人類は、「自然の愛し方」を間違ってきたとも言えるのですね。愛にもいろいろな種類がありますが、我々は「執着の愛」によって、自然現象の一部だけを愛して、他を否定したり破壊してきた面がある。それで今、人類は地球温暖化という現象を通して、一種の〝勉強〟をしていると思うのです。

愛の三段階

先ほども紹介されましたが、この記念日にふさわしい『生長の家』創刊号（昭和五年三月一日発行）の中で、谷口雅春先生が「愛」について書かれているところがありますので、それを今日は皆さんにぜひ覚えて帰っていただきたいと思います。これは「三種の愛」という題名で書かれているところです。ちょっと朗読いたします。

三種の愛

愛せよ。少しも求めずに愛せよ。これが愛の秘訣である。

こんなに愛してやっているのに相手は斯《こ》うだと批難するな。呟《つぶや》くな。

愛は、その結果がどうなるからとて愛するのであってはならない。

愛すること、そのことが神の道だから愛するのだ。

愛すること其のことが幸福だから愛するのだ。

結果をもとめた愛は必ず不幸に終る。

愛の三つの段階――

第一階は愛した結果の利益を予想するところの愛である。これは功利的な愛である。利益にならなければ腹が立つ。

（同誌、二八～二九頁。原文は正漢字、旧仮名遣い。以下同じ）

ここに書かれた愛は、「功利的な愛」「自己中心的な愛」と言ってもいいと思います。

第二階は、相手が喜んでくれるから愛するのである。これは功利的ではないが相手が喜んでくれなかったり、相手が自分の好意に気がついて呉れなかったら腹が立つ。

（同誌、二九頁）

この愛は、どちらかというと「求める愛」「執着の愛」に属するもので、人類の中から「相手」という一人の人間だけを選んで対象とするのですから、「特定の他者に対する愛」と言っていいかもしれません。

第三階は至上階に位する愛である。第一階の愛も、第二階の愛も共に『我』がある。『自分がこうした』『自分があゝした』『然るに彼は』と云う風に、『自分』と云うものを脱け切っていない。

至上階の愛は『自分』を全然脱却している。それは飄々乎《ひょうひょうこ》として捕えんと欲すれど捉えることが出来ない。『先刻はこんな結構なことをして頂きましてどうも有り難う』と云われても、『ヘエ、わたしが？　何時そんなことをしましたかねえ。』と空らとぼけるのではないが、心から自分の愛の行為を忘れて了ったような愛である。

それは自分がしたのではない神と偕《とも》なる時、おのずから出来た愛であるから、『自分がした』と云う感じが少しも残っていない。

これが惟神《かんながら》の愛である。神流れの愛である。神催しの愛である。神と偕なる愛である。大菩薩の愛である。

（同誌、二九〜三〇頁）

最上階の愛を目指して

ここにあるのは、「与えっきりの〝無償の愛〟というものが〝最上階の愛〟であって、人間はそのことを勉強するため、この地上に生を受けている」というメッセージであります。（拍手）

私たちが自然界を愛する時でも、例えば、桜の花が咲いたら、その枝を切ってきて（笑い）、自分の部屋に飾るというのは、「第一段階の愛」であり「自己中心的な愛」です。つまり、「相手」すなわち「桜の木」はどうなってもいいけれど、「自分だけが桜の美しさを楽しめればいい」という心の表れですから、これはまだ〝初歩的な愛〟である。

第二段階は、桜の木の下へ集って（笑い）、ドンチャン騒ぎをして、夜桜も楽しみますが、周りのことは全然気にしない。周りの自然界には、桜以外にもたくさんの花が咲いているけれども、ゴミを捨ててグシャグシャにしても構わんというわけですから、「特定の他者に対する愛」である。自然の中では、桜の木と、それが育っている土地とは別々にあるのではない。土地や土壌があっての桜であるし、また桜の木も他の動植物のおかげで生きているのです。しかしそのことを忘れ、自然の中の「ある所」にだけ注目して、「これは人間にとって快い」といって、それだけを取り出して愛するのは、第二段階の愛なのです。

今、世界中で〝黄色信号〟がともっていることがいくつかあります。その中の一つが、鳥インフルエンザです。鳥インフルエンザは毎年、発生していますが、今年は特に世界中に広まって多くの死者を出しています。これは、一つには、鳥は渡りをしますから、世界中にウイルスを運んでいくのです。しかし、これまでは渡りによっても、人間の飼っているニワトリやガチョウなどにはあまり感染しませんでした。が、最近はうつるようになってきたようです。これにはいろいろな理由があると思いますが、飼育方法に問題がある。というのは、人間は数多くの種《しゅ》がある鳥類の中から、特定の「食べておいしい種」だけを取り出し、それを狭い所にいっぱい詰め込んで育てることで、工業的な大量生産をしています。だから、感染症が発生すれば、一気に広がり、渡りや交通網に載って大変な勢いで増えていくことになるわけです。

　これは鳥だけでなく、ブタやヒツジやウシについても同じことが言えます。日本でも近年はＢＳＥ（牛海綿状脳症）の発症例が見つかり、そこから牛肉産業に被害が出ました。こうした自然界の異変から、私たちは何を学ぶべきでしょうか。それは、「自然を愛する」といっても、「花の咲いている所へ行って自分の好きな花だけ取って来る」のがいけないように、動物を育てる場合でも、「自分の快楽の手段になるものだけを自然界から集めてきて、それだけを育てる」というのではダメだ——そういうメッセージを私たちは読み取るべきだろうと思います。
（拍手）

そういう意味で、第一段階の「自己愛」、第二段階の「特定の他者に対する愛」から歩み出して、さらに第三段階である「神の下《もと》ですべてが一体である」という愛、つまり「自他一体の愛」に向かっていかなければならない（拍手）。これは、生長の家を信仰する人だけの話ではなく、全人類がそういう愛に目覚めていくことが大切なのです。

聖書で説かれている通り、「何をしたら永遠の生命が受けられますか？」と問われたイエス・キリストは、『申命記』を引用して「心を尽くし、精神を尽くし、力を尽くし、思いをつくして、主なるあなたの神を愛せよ」とおっしゃいました。神というのは、どこか空の彼方《かなた》にいる人間の大きさと格好をした得体《えたい》の知れない存在ではない。神は創造主《つくりぬし》であり、その創造《つく》られた宇宙とともにある無限大の存在でありますから、その大宇宙全体を丸ごと「精神を尽くして、力を尽くして愛しなさい」というメッセージです。これは「すべてが神の下に一体」であると知って、「自他一体の愛を実践する」という私たちの運動と、本質的には同じ教えであると思います。（拍手）

　これから私たちが運動を展開していく中でも、そういうメッセージをぜひ多くの人々に伝えていただきたい。現在、人類が抱えている問題を解決するためには、「すべてのものは皆一体で、実相において調和している」という教えを普及し、そのことを多くの人々が認めることが必要です。

「すべては一体」ということを、少し理論的にお話ししましたが、それをさらに情的に、心の中で感じていただきたいと思いまして、私がインターネット上の「谷口雅宣のウェッブサイト」（http://MasanobuTaniguchi.com/）に掲載している「日々の祈り」の中から、「〝すべては一体〟と実感する祈り」（二〇〇五年五月二十六日）を、これから皆さんにご披露したいと思います。少々長い文章ですが、朗読します。よろしかったら、瞑目合掌をお願いいたします。

「すべては一体」と実感する祈り

神はすべての存在の創り主にてあり給う。我は神の子として、神の創り給いしすべての存在の懐《ふところ》の中に抱《いだ》かれているのである。だから我《われ》は、すべての真実存在と一体であり、すべての真実存在は我と一体にして、我を包み、庇《ひ》護《ご》し、安らぎを与えてくれるのである。真実存在は神の表れであるから、相互に不和はなく、不調和はなく、戦いや争いはないのである。我とすべての真実存在も、だから大調和の中で神の愛に包まれているのである。

鳥たちのさえずりは、神の無限生命の表れである。遠く近く、長く短く、華やかに時に静かに、多様に、絶妙な調和の中に、鳥たちが呼び交わす数々の声は、そのまま天上の交響曲である。森林を風がわたる低い和音、虫の声、小川の流れ、蛙の合唱、キツツキの槌《つち》の音。どれ一つとして互いに調和しない音はない。驟雨《しゅうう》の音、雷の轟音《ごうおん》、木の裂《さ》ける音でさえ、神の無限生命力の表現である。

神の無限の美が、すべての存在に満ち溢れているのである。だから神の子・人間は、すべての真実存在に美しさを感じ、喜びを見出すのである。空の青と雲の白は、神の無限の美の表れである。輝く新緑と黒い木々の枝、若葉と森の深緑《しんりょく》のコントラストを見よ。花々の鮮やかな色、微妙な色の移《うつ》ろい、葉の緑の中でそれらが生み出す対照の妙を見よ。その対照を感じて、虫たちが花を訪れ、神の愛の使者として植物を受粉させ、新たな生命の進展を用意する。植物が実をつければ、その色の信号を合図に鳥たちが訪れ、豊穣《ほうじょう》の香りと味と滋養《じょう》を得て、神の知恵に導かれつつ植物の種を遠方に伝播《でんぱ》する。植物は虫や鳥に愛を与え、虫や鳥は植物の命の発展に協力するのである。そこに神の生命があり、愛があり、知恵が表れているのである。

我らは神の子であるから、それら自然の営《いとな》みの中に神の無限の知恵、無限の愛、無限の生命力を如実に感じるのである。神の無限の生かす力をすべての真実存在の中に感じるのである。感じるとは共鳴することである。我がうちに神の無限の生かす力がすでにあるから、自然界に現れる神の力に共鳴することができるのである。だから我は神と一体であり、すべての真実存在と一体である。我は神に生かされており、すべての真実存在に生かされている。それは、物質的栄養を得ているのではない。物質は、真実存在の仮の相《すがた》である。物質は、真実存在が人間の頭脳によって翻訳された姿にすぎない。物質はエネルギーであることを知れ。エネルギーに色はなく、音はなく、肌触《はだざわ》りはなく、匂いはない。しかし、人間の感覚と頭脳を通過するとき、エネルギーは色がつき、音を出し、匂いがし、肌触りのある〝物質〟のような外貌《がいぼう》を呈するのである。

　だから、我らの周囲には、神の無限エネルギーが満ち溢れているのである。周囲だけでなく、我が肉体も神の無限エネルギーの一個の表現である。神の無限の知恵と愛と命の表現として、我は自分の肉体を表現しているのである。我は神の子であるから、一個の肉体の中に縮《ちぢ》こまって存在しているのではない。木々の緑、鳥の声、川の流れ、大洋の大波、空の青、星雲《せいうん》の渦巻きに美を感じる我は、その微妙かつ壮大な美を我がうちに包蔵《ほうぞう》するのである。それら自然の営みの中に不可思議の知恵を感じる我は、その知恵と同じ無限の知恵を我がうちに包蔵するのである。自然の営みの背後に生かし合いの愛を感じる我は、神の無限の愛を我がうちに包蔵するのである。

我は神と一体なり。我は宇宙と一体なり。すべては神と一体なり。すべては我と一体なり。我、真実存在の知恵と愛と生命を与え給いし神に、無限感謝の意を表現し奉る。ありがとうございます。

生長の家の運動は、このような神の無限の生かす力――知恵と愛と生命を我がうちに観じ、すべての人々の中に観じ、すべての真実存在の中に観じるために、魂の喜びを拡げていく運動でありますから、ぜひ皆さんはこれからも大いに明るい心で、光明化運動に邁進していただきたいと思います。

今日のおめでたい日に際して、一言、所感を述べさせていただきました。ありがとうございました。（拍手）

立教七十七年生長の家春季記念日祝賀式での言葉
二〇〇六年三月一日・生長の家本部会館ホール

5　日時計主義の新展開

イノシシの諺《ことわざ》から思う

皆さん、新年明けましておめでとうございます。（拍手）
今年も、素晴らしいお天気の元旦を皆さんと一緒に迎えることができましたことを感謝申し上げます。皆さん、今年もどうぞよろしくお願いいたします。（拍手）

今年は、イノシシの年です。十二支の中の「亥」の年であるということで、私は昨年末にイノシシの諺を調べて、皆さんに何をお話ししたらよいか考えていたのであります。ところが、イノシシの諺にはあまり良いものがないんですね。サルの諺にもあまり良いのはありませんがね。それでもイノシシの中では、二つの諺をご紹介したいと思います。イノシシの漢字は、「豚」という字の肉月を外して、右側の字（豕）だけで「いのこ」と読むそうです。これは、イノシシとブタの両方を意味するそうです。

一つは、「豕《いのこ》を抱いて臭きを知らず」という諺です。これは、「いつもイノシシと一緒に生活している人は、それが臭いと分からない」というような意味です（笑い）。従いまして、あまり良い意味ではないのでありますが、解釈によっては「どんな相手でも一緒にいれば仲良くなれる」という意味に取れるかもしれませんね。（笑い）

私はもう少し違う解釈をしました。それは「豕《いのこ》」というのはブタのことも意味します。人類は昔からブタを飼ったり、牛も馬も飼ってきましたが、そういう多くの家畜を飼って生活してきました。その「家畜を飼う」という習慣がどういう結果をもたらすかを、人類と家畜はあまりに密接な関係であるために、なかなか客観的に見れない――だから「臭きを知らぬ」状態にあるというわけです。そういう好ましくない事態が今日起こっていると思うのです。

例えば、昨年十二月、国連の食糧農業機関（ＦＡＯ）が『*Livestock's Long Shadow*』という題の報告書を出しました。「家畜の長い影」というタイトルでありまして、何が書いてあるかと言いますと、人類が今日までずっと家畜を飼って畜産業を発展させてきて、それが大変大きくなっているわけですね。そこで世界全体の数字で見ると、今問題になっている地球温暖化の動きに、畜産業が大きく関係していることが分かるのです。

その数字を見て私は驚いたのですが、人間の活動によって排出される温室効果ガスのうち18％は畜産業から出ているのです。「18％」という割合が大きいか小さいかを比較するために、「運輸部門」の数字が報告書には出ています。これは、われわれが飛行機に乗ったり、自動車を運転したり、物を運搬したりすることです。この部門からは大量の二酸化炭素が排出されているのですが、それでも全体の「13・5％」にすぎない。だから、私たちが自動車や航空機に乗ることで地球を温暖化させているよりも多くの割合の温室効果ガスが、私たちが家畜を飼うこと——家畜を飼う目的はいろいろありますが、大抵は殺して食べるわけですね——によって出ているということが分かります。

従って、「家を抱いて臭きを知らず」というよりも、もう少し大きな意味を表現すれば、「家畜を食して危うきを知らず」というのが、我々現代人が地上に作り出した状況であると思いました。

自然との一体感を大切に

もう一つのイノシシの諺は、これは聞けば意味がすぐ分かりますが、「イノシシも七代目には豕《いのこ》になる」というものです。この場合の「豕」とはブタの意味ですから、イノシシも飼い慣らされて七代目になるとブタになってしまう――つまり、安楽な環境下に長くいると、人間は堕落してしまうという意味に解釈できます。あるいは、変わりようがないように思えても、長い年月のうちには物事は変化するという意味にも解釈できます。

私は、年末にテレビを見ていたら、解剖学者の養老孟司さんがフィリピンのある島に昆虫採集に行ったことをドキュメンタリーでやっていました。その目的は、別に昆虫採集だけではなかったと思うんですが、フィリピンの島に監獄ができているんですね。犯罪を犯した人間がそこへ送られるのですが、ところがその島では、模範囚とそうでない人は別々の生活をしていて、模範囚の人たちはほとんど自由な生活をしている。つまり、その辺を自由に歩きまわれるし、手錠をしているわけでもない。家族を呼んで一緒に暮らすことができるし、日常は農業をして暮らしているのです。そこへ養老さんが行って、仕事中の模範囚に質問をするわけです。

「どうしてあなたはここへ来ることになったんですか？」と聞くと、その人は、

「私は都会にいた時にケンカをして人を殺してしまったんだ。だからここへ来ています」と答える。

養老さんがさらに、「では、ここの生活と都会の生活ではどちらが幸福ですか？」と聞くと、その人は「ここの生活の方がいい」と言うんですね。

会話はそれだけで、そこから先は養老さんの解釈ですが、それによると、現在の都会の生活というのは、人間としては一種の〝偏った生活〟である。つまり人

間というのは本来自然から生まれたものだから、自然の中で幸せを感じるようにつくられているけれども、都会の生活では人間と自然が離れてしまっている。

例えば、今日もこの会場には暖房が入ってますが、暖房のきいたところで、湿度も管理されているし、照明も一定である。これは自然から切り離された小さな空間で、こういう所にいると、いつ朝が来て、昼になって、夕方が来るのかわからないわけです。それから、暖かくなったり寒くなったりもしないから、人間の体は外の世界に反応しない。私も時々、原稿の締め切り日が近くなったりすると、そういう経験をします。一日中オフィスにいて、気がつくと夜になっている。しかしその間、その日は晴れだったのか曇りだったのか、あるいは雨が降ったのか降らなかったのか、よくわからない。

そういう生活が都会の生活であって、そういう生活を人間は「幸せ」と思って送っているかもしれないけれども、これでは身体にある〝五官〟の感覚を使わなくなるというのです。本来の自然界なら、そういう感覚器官を総動員して、外部の自然とやりとりをしながら、自分の行動を変化させる。人間はそういう生き方をするようにできているけれども、都会人はそれをしなくなってしまうので、感覚が鈍化する。忍耐力がなくなる。だから、田舎にいた人たちが都会へ出て、金儲けのためかもしれないけれども、仕事を始めると、そういう変化に適応できなくなり、ストレスがたまってきて、普通だったらキレないところでキレる。そういう場合に、人殺しをしてしまうこともあるというのです。非常に印象に残った話でした。

ところで、私はイノシシの話をしていたんですが……人間がだんだん自然界から切り離された生活をして、〝五官〟の感覚を通して直接自然と触れ合う機会が少なくなっていくことによって、私たちは幸福を求めていたはずなのに、逆に不幸になっているということが言える。例えば、私たちは朝起きてから、太陽を何回見るでしょうか？　今日は元日で、皆さんは会社ではないところへ来られたので、多分、ご来光を見られた方もいらっしゃると思います。けれども、普段はそんなことをあまり意識しない。時計で朝が分かればいいという生活をしている。しかし直接、寒い外気に触れて日の出を見るのと、そういう環境に触れずに時計だけで朝を知るのとでは、同じ「朝」であっても全く違うように感じられるのです。

そういう意味で、私たちは七代目にはブタにならないように――少しずつ変化して、自然との一体感を忘れてしまわないように。皆さんは都会の生活を何年送っているかわかりませんが、自然と一体である人間本来の感覚を忘れないで、自然の豊かさ、厳しさ、そして自然とのふれあいの切実さを体験しながら、今年はイノシシの年でありますから、ブタにならないように過ごしていきたいと考えた次第であります。

日時計主義の新展開

さて、話は変わりますが、「一年の計は元旦にあり」と昔から言われています。それで元旦になると、皆さんも今年の〝計画〟や〝目標〟を決めて生活を始められると思います。その中には「今年こそは日記をきちんと付けよう！」と決められた方もいらっしゃると思います。もうすでにご存じの方も多いと思いますが、生長の家では『日時計日記』（谷口純子監修）という日記帳を今度初めて出しました。最近、日記とか手帳の活用法がいろいろと取り上げられて、一般に流行していますが、私はちょうど一年前に、新年祝賀式のこの場で次のような話をしました。これは、機関誌『生長の家白鳩会』二〇〇六年三月号に掲載された文章の一部です。

創始者、谷口雅春先生は「朗らかに笑って生きよ」という言葉を掲げて生長の家を始められ、私たちは今日まで「日時計主義」の生活を大いに進めてきました。また、これからもさらに進めていきたいと思うのです。なぜなら、この「日時計主義」こそ、実相独在の信仰と唯心所現の真理を体現した生活の実践だからです。つまり、現象的にはまだ、「光明」が充分現れていなくても、現象の背後にある実相を信じて、それをコトバで認め、引き出すことで、地上に「光明」が現れる――そういう信仰と原理なくして、日時計主義は成立しないからです。

（同誌、一二二頁）

日時計主義の背後には、真理の自覚があるというわけです。

私たちは今、主として雑誌や書籍などの印刷媒体を使った運動をしていますが、「明るいニュース」や「楽しい出来事」は、インターネットや衛星放送などのもっと新しい手段や媒体を通すことで、印刷媒体よりも早く、世界中に伝えることができます。昭和初期に印刷媒体を使った生長の家が、平成の時代にもっと新しい媒体を使わない理由はない。そういうことについても今後大いに工夫して、効果的な運動を進めていきたいと思います。

こういうことを一年前に申し上げたので、覚えていらっしゃる方もいると思います。幸い、この一年間で皆さんの絶大なご協力とご支援がありまして、日時計主義を実践する道具がいくつか整ってきた。その中の一つがこの『日時計日記』です。もし、皆さんの中でまだお持ちでない方がいらっしゃったら、帰りがけに聖典頒布所に多分あると思いますので、一冊お求めいただきますとよろしいかと思います。この『日時計日記』は大変好評でありまして、昨年十二月二十七日の時点で、すでに三万一千部が頒布され、日本のほかにアメリカにも行っているそうであります。

　さらに、この『日時計日記』が出る前に、ブログ形式の『日時計ニュース.com』がインターネット上にできました。これは『聖使命』新聞にも書かれていますが、何をしているサイトかというと、世界中に流れているニュースのほとんどは悪いニュースですが、その中にある数少ない良いニュースだけをピックアップしてサイト上に集めているものです。これもまさに日時計主義の実践版です。

　さらにもう一つ、去年のクリスマスごろから、インターネット上に、Ｗｅｂ版「日時計日記」が開設されました。我々が本の形でつける『日時計日記』は、個人的なもので、自分だけのために記録する日記ですが、インターネット上にそれを作ると、全部オープンになってしまうわけですね。

　すると、これまでにない新しい効果が生まれます。それは、世界中の人たちが、

「今日はこんないいことがあった」「こんなに美しいものを見た」「こんな素晴らしい人に会った」「こんな良い願いを私は持っている」というようなことを書き込む場になるのです。こういう〝開かれた新しい空間〟として、光明思想を発信するサイトができておりますので、ぜひ皆さま方も、インターネットを使える方は積極的に参加して、光明化運動の新しい形での発展に貢献していただきたいと思います。

生長の家は発祥時から日時計主義

皆さんもよくご存じと思いますが、生長の家は、昭和五年の発祥時に出た『生長の家』創刊号の中に、すでに「日時計主義の生活」という文章を掲げています。最後に、それを皆さんとともに確認したいと思いますが、この『日時計日記』の一番最初のページには、そこからの引用文が載っています。

日時計主義の生活

諸君は『日時計』と云うものを見たことがあるであろう。それは一本の直立せる針と、時間をしるした一枚の盤とでその主要部分が成り立っている。太陽の光線がその直立せる針に落ちると針は盤面の目盛りの上に影を落として何時だと判るのである。太陽のない日には時間が判らないのだ。日時計の盤面には、時にはこんな標語が書いてある——。

〝I record none but hours of sunshine〟.

(吾れは太陽の輝く時刻のみを記録す)

自分はこの標語を『日時計主義』だと言うのである。諸君よ、諸君の家を『生長の家』にしようと思われるならば、出来るだけ、輝く喜びの時刻だけ

を記憶し、語り、思い出せ。喜びに言語の再現力、言葉の創造力を応用せよ、

これが秘訣だ。

これは非常に分かりやすくて、やろうと思えば誰でもできる生き方のようですが、「続ける」というのが案外難しいんですね。続けるためには、日記という道具はとても便利です。そういう意味でも、生長の家は教えを「知る」だけでなく「実践する」ことも強調しますから、真理の理解と実践を車の両輪の如く進めていく。皆さんもぜひ――『日時計日記』を買わないとできないわけではありませんが――それぞれのやり方で工夫しながら、神の世界の存在を伝える日時計主義の生活を実践していただきたい。新年にあたって強くそう思うのであります。

それでは皆さま、今年一年どうぞよろしくお願いいたします。ありがとうございます。（拍手）

二〇〇七年一月一日　新年祝賀式での年頭の言葉
生長の家本部会館ホール

6　日時計主義を世界に

『生長の家』発刊の目的

皆さま、本日は立教記念日おめでとうございます。（拍手）

今年も早、いつの間にか三月になりました。今日は大変良いお天気で、とても過ごしやすい春の日であります。こういう日に皆さま方と立教の意義を確認し合う場を持ち、世界での私たちの運動の伸展についてお祝いする機会がもてること

を非常にありがたく、神様と皆さまに感謝申し上げます。皆さんありがとうございます。（拍手）

さて、今日の三月一日が、なぜ立教記念日であるかという話は、もう皆さんは十分ご存じだろうと思います。繰り返すまでもないことですが、昭和五年に谷口雅春先生、輝子先生が、『生長の家』創刊号を発行されましたが、その奥付が「昭和五年の三月一日」となっているので、それが立教記念日になったのであります。今日もその創刊号をここへ持ってきておりますが、私たちは『生長の家』の創刊号に帰って立教の意義や目的を確認し合うことを毎年、この場でやっておりますので、今年もそれをやりたいと思います。

創刊号の最初の文章は、もう皆さんも暗唱されているくらい有名な文章です。それは、「『生長の家』出現の精神とその事業」というものでありまして、さきほども理事長が話されましたが、「自分はいま生長の火をかざして人類の前に起つ」という言葉で始まる、非常にスケールの大きな運動の〝発進宣言〟であります。

ところで、その次の文章はあまり引用されて来ていないので、今日はそれを引用しようと思うのであります。「『生長の家』の使命及び読み方」という文章が、それであります。この「生長の家」という言葉には、二重かぎ括弧がついています。つまり、この場合の『生長の家』は何を意味するかといったら、この本、この「生長の家」という月刊誌のことです。その月刊雑誌の「使命及び読み方」について、雅春先生が書いておられます。そこを読んでみましょう。

> 『生長の家』を月々発行して言葉によって此の世を清め、人生を住みよくし、世界の家庭々々を明るくし、個人々々を幸福にすることは生長の家の主要な事業の一つである。それは諸君が『心の法則』を深く研究して行かれるに

従って次第に明瞭になってくるであろうように、此の世界は言葉によって支えられているからである。（同誌、九頁。原文は正漢字、旧仮名遣い。以下同じ）

先生は、もうすでにこの昭和五年の時に「世界の家庭々々」という言葉を使って、世界の光明化を視野に入れておられます。この後、聖書の『創世記』や『ヨハネ伝』、真言宗の教典、『古事記』から引用されて、いかに言葉が大切であるかを示しておられます。が、その部分は長くなるので省略いたします。

その後に、こう書いてあります。

斯《か》くの如く、東西の経典は筆をそろえて、言葉に生命《いのち》あり、言葉は必ず体を招き、言葉は我らに宿って肉体となることを説いているのである。古《いにし》え吾々日本人が互いにみこと（みは美称、ことは言）と呼び、互いを神として敬し合ったのはこのためであった。吾らは此の点に於て古代日本に還るべきであることを提言する。吾らは何であるよりも先ず言葉《みこと》である。これは実に否定出来ない。言葉によって吾らは清くもなれば醜くもなり、幸福にもなれば不幸にもなるのである。諸君は毎朝歯ブラシで歯をみがかないであろうか。

（同誌、一〇頁）

皆さんは今朝、歯ブラシで歯を磨きましたか？（笑い）

諸君は、そして歯よりも大切な心があることを自覚しないであろうか。諸君は毎朝歯をみがくのに何故心をみがかないのであるか。又諸君は心を何をもってみがくであろうか。諸君が若し朝起きると一と声『馬鹿野郎』と家族を叱咤するならばその日いちにち不愉快なことを自覚せねばならないであろう。諸君が若し、自己の人生を幸福にし、家庭を明るくし、環境を良化し、運命を改善しようと思われるならば、毎日すくなくとも二三回はそのために作られたる善き、明るき言葉に接しなければならない。それは諸君にとって食事をとるよりも尚絶対に必要なことである。諸君よ、『生長の家』を読め、心を幸福にし、肉体を健康にし、運命を良化せよ。此の目的のために雑誌『生長の家』は生れたのである。

（同誌、一〇～一一頁）

ここには非常に明確に、『生長の家』の雑誌の発行目的が書いてあります。それは私たちの「人生を幸福にし、人々を喜ばせ、運命を良くし、身体を健康にすること」だと書かれているわけです。

　この文章に続く三番目の文章は、「生長の家の生き方」という題です。これは『生命の實相』頭注版第七巻生活篇に一部が収録されている有名な文章です。「日時計主義」の生活について書いてある文章です。これは引用する必要はないと思いますが、ここで確認しておきたいのは、谷口雅春先生は七十七年前に、このような思いで運動を始められたということです。つまり、私たちの生活を「日時計主義」に基づいて光明化することが『生長の家』の雑誌の発行目的である、ということです。

その後、この雑誌はご存じの通り六つの雑誌に分化し、さらに平成元年（一九八九年）からは四つの普及誌と三つの機関誌に分化しています。そういう意味で、私たちの運動は「人々の心に明るい希望を灯す」ことが主な目的であると言えるわけであります。

双方向の『日時計日記』

今日では私たちの運動も多様化して、たくさんの信徒や幹部の方々が生まれてきている。日本だけでなく、世界の各所で運動を展開しておられますから、それぞれに見合った運動の媒体が出されるようになっています。それが、普及誌と機関誌を併せた七つの雑誌であります。また、単行本もたくさん出ています。そして、ご存じのように昨年十月には、『日時計日記』というものも出版されまして、それに記入することで毎日、日時計主義の生活を実践することが可能になった。

　この『日時計日記』は評判が良いようでありまして、これまで四回印刷して三万七千部が発行されていると聞いています。私は、この『日時計日記』の出版は、やや遅きに失したのではないかと思うんですね。そういう類のものが、これまでなかったのは不思議なくらいであります。もしまだお持ちでない方がいたら、ぜひ一冊お求めいただいて、今からでも遅くないですから『日時計日記』をつけながら、光明生活を実践していただきたいと思います。この私も、毎日寝る前につけていますから……。（拍手）

　さて、運動の媒体、また光明生活の道具としては、今日では印刷物だけでは十分でないという世の中になってきています。皆、本を読まなくなってきたんですね。その代わりに、携帯電話やインターネットを見ている。そういう時代には、新しい動きにも対応しなければなりません。そこで、インターネット上に世界中から書き込めるＷｅｂ版『日時計日記※』(http://sundial-diary.cocolog-nifty.com/diary/) というブログ（日記形式のホームページ）も最近できました。すでにご存じの方もいらっしゃると思います。ぜひそちらにも、興味のある方、アクセスできる方は参加し、書き込んでいただきたいのであります。

　インターネットを使うと、これまで考えられなかったことができるようになります。例えば、そのブログへは世界中の人が書き込めます。世界中で共有できる『日時計日記』になるわけです。個人が一人で見て楽しむだけでなくて、世界中の人が見て楽しくなる、喜びが広がっていく、明るい人生を共有する……そうい

※現在、同ブログは運営されていないが、インターネット上のFacebook（フェイスブック）などのSNSを用いた情報発信が盛んに行われている。

う場所が実現できるし、実際にできつつあります。

　インターネットを使うと、このほかにもいろいろな応用が利きます。現在も『聖使命』新聞（http://www.jp.seicho-no-ie.org/seishimei/）がインターネットで公開されているし、あるいは生長の家の各組織のコーナーもあります。生長の家の職員や信徒個人によるブログも増えつつあります。さきほど海外信徒を代表して挨拶された大塚裕司講師（ヨーロッパ駐在）のブログもあります。ですから、大塚講師の話の続きを聞きたかったら、どうぞ彼のブログを見てください（笑い）。もっと詳しい話が聞けるかもしれません。

　このようにして、光明化運動の媒体も以前よりずっと多様化してきています。ブログは従来のような〝一方通行〟の媒体ではないので、読者とのやりとりも可能です。つまり、皆さんもそれを読んだ感想や反応を書き込めるわけです。「面白かったよ」とか「どこかおかしいよ」とか、自分の意見を書くことができます。

先ほど、生長の家の運動ではコトバが重要だということを言いましたが、私たちはコトバを駆使して光明メッセージを世界に発信していく目的があり、使命がある。谷口雅春先生が『生長の家』誌一冊で始められたこの運動を、私たちは今日、このように多様なかたちで展開できるし、そうしなければならないということを皆さんとともに確認したいのです。

今の世の中では、情報が印刷媒体から電子媒体へと移行し、拡大していく中で、「良い情報」だけでなく、同時に「悪い情報」も流され、拡がっていく。私たちがボーッとしていれば、きっと「悪い情報」の方が多く人々に向けて発信されることになりますから、これでは〝人類暗黒化運動〟になってしまいます。皆さんもぜひ、書籍版、ウェッブ版とともに『日時計日記』をつけながら、自分にも世界にも「良い情報」を発信し続けていただきたいのであります。

『日々の祈り』の出版

先ほど、『日々の祈り』の紹介がありました。この本は、『日時計日記』とはいわば〝逆方向〟に出された出版物です。つまり、インターネットが先で書籍が後です。私がインターネット上の「谷口雅宣のウェッブサイト」（http://MasanobuTaniguchi.com/）に発表してきた祈りの言葉の中の四十九の祈りを集めて、本の形で今日の日付で出版されました。

ここで皆さんに申し上げていいかどうか迷っていたのですが、サイン本もあります。しかし、残部がどれだけか知りません。実は、昨日の生長の家代表者会議でもサイン本があるという話をしました。全国から集まった代表者の方々が何冊買ってくださったか分かりません。今日は残っていないかもしれない。しかし、せっかく三月一日に集まってくださった皆さんですから、ご案内申し上げました。

その『日々の祈り』の中の一節を、次にご紹介したいと思います。皆さんは谷口雅春先生の『真理の吟唱』（日本教文社刊）を、毎朝読誦されているかと思いますが、『日々の祈り』の一篇は『真理の吟唱』のそれよりも少し長い。ですからそれを覚悟して聞いてください（笑い）。次に読むのは、「観を転換して人生に光明を見る祈り」（同書一四六ページ）で、これは「日時計主義」の心を表した祈りでもありますので、今日、皆さんにご紹介します。

朗読いたします。よろしかったら目を閉じて聴いてください。

神さま、私は「神の子」として生きていることを心から感謝いたします。
私が神の子であるということは、私には神さまと同じように、すべてのものを創造する力が与えられていることを意味します。私の肉体・環境・運命は、私が心でつくるものです。それは牢獄《ろうごく》の〝檻《おり》〟のように、私の外部に厳然としてある堅固《けんご》な障害物ではありません。私は「運命」とか「宿命」などという、私以外の何者かの力によって私の望まない方向へ押し流されたり、私の望まない行動を強《し》いられることはありません。それは、私の心の〝反映〟にすぎません。

もし私が、自分の望まない方向へ進んでいると思い、あるいは自分の嫌いな行動を強いられていると感じるならば、それは私の潜在《せんざい》意識と現在意識のあいだに食《く》い違いが生じている証拠です。潜在意識にホコリが溜《た》まり、「神の子」の自覚が曇っているのです。また、現象世界の出来事に心を捕らえられて、「神の子」としての自分の実相を見透《みとお》すことができにくくなっているのです。現象世界は私の心の反映ですから、私自身が執着《しゆうちやく》を捨てて心を整え、「人間・神の子」の自覚を回復し、さらにそれを深めていけば、外部の環境は「神の子の生活」を送るにふさわしい形に必ず整ってきます。

「心を整える」という意味は、神さまの創造された実相世界に心を振り向けることです。神さまは「真実」なる存在ですから、神さまの世界には永遠に変わらない「真実」のみが存在します。神さまは「絶対の善」でありますから、神さまの世界には善のみ存在します。神さまは「絶対の美」でありますから、神さまの世界には美しいもののみが存在します。私は今、神の子としてこのことを信じるだけでなく、感動と喜びをもってそれを観じます。神さまの創造《つく》られた世界は真・善・美に満ちていることを、心の底から讃嘆します。

私の周囲の現象世界は、この実相世界を脳と心が解釈したものですから、人間の執着心や脳の状態によって歪《ゆが》んだり、曇って見えたりします。この「歪み」や「曇り」は、しかし真実の存在ではありません。真実の存在でないものに、私は心を捕らえられません。「実相世界に心を振り向ける」とは、現象世界の出来事の中から、「真実の存在」を暗示するものだけに心を振り向けることです。私がもし、虚偽《きょぎ》、悪現象、醜聞《しゅうぶん》等の、人生の暗黒面に心を向けていたならば、それを一転して、神の世界の「真実」と「絶対の善」と「絶対の美」を現象の背後に観じることです。それは喩《たと》えてみれば、人類の迷いを放送する〝暗黒放送局〟から、真実を放送する〝光明放送局〟へと、テレビのチャンネルを切り替えるように、心の波長を切り替えることです。

この「観の転換」ができれば、私の周囲の世界にはよい現象が自然に顕《あらわ》れてくるのです。それは、テレビのチャンネルを切り替えれば、切り替えた先の放送局の番組が画面に自然に現れるのと同じことです。人生の暗黒面を見る心を放棄して、光明面を見てほめたたえる心を開発し、育てることで、実相においてすでに在《あ》る真・善・美のドラマが、私の人生に自然に映し出されてくるのです。

「実相世界に心を振り向ける」ためには、「神の子」である自己の実相に目覚めなければなりません。自分自身を「罪の子」と思ったり、「悪人」と考えたり、失敗を繰り返す「欠陥人間」と信じているのでは、その自分を創造した神を「欠陥あり」と認め、神の世界の真・善・美を否定することになります。神の世界の完全さを否定していては、実相世界に心を振り向けることはできません。実相世界へ心を振り向けるためには、「我神の子なり」の自覚が不可欠です。こうして、自己内在の神性である真・善・美を自覚する程度にしたがって、周囲の世界にも「真実」と「善」と「美」が顕れてくるのです。

　神さま、私はあなたが創造《つく》られた真・善・美の実相世界に心を振り向けることによって、私の肉体・環境・運命を通して神の御心を表現する「神の子」です。この尊い自覚を与え給いしことを、神さまに心から感謝いたしま

す。ありがとうございます。（拍手）

　このほかにも、四十八の祈りの言葉がございますので、ぜひ「日時計主義」を生きるための一つのツールとして、あるいは精神的な〝栄養剤〟として活用していただければ、これからの運動がますます明るく世界に伸びて、多様性に満ちた素晴らしいものになっていきます。そして、それに伴って皆さま方の人生も明るく光明に満ちたものになるだろうと考えています。

　これからの運動に皆さま方が率先して参加してくださるよう祈りを込めまして、今日のおめでたい日の感想とさせていただきます。ありがとうございました。

（拍手）

立教七十八年生長の家春季記念日祝賀式での言葉
二〇〇七年三月一日・生長の家本部会館ホール

【参考文献】

○谷口雅春著『生命の實相』頭注版第七巻生活篇（一九六二年、日本教文社）
○谷口雅春著『真理の吟唱』（一九七〇年、日本教文社）
○リサ・ランドール著／向山信治監訳、塩原通緒訳『ワープする宇宙――５次元時空の謎を解く』（二〇〇七年、ＮＨＫ出版）
○Graham Lawton, “What A Strange Mind You Have: 21 Ways to Reveal the Illusionist in Your Head,” New Scientist, vol. 195, No. 2622, September 22, 2007.
○柏野牧夫 http://www.brl.ntt.co.jp/people/kashino/jp/Welcome.html
○G・カニッツァ著／野口薫監訳『視覚の文法――ゲシュタルト知覚論』（一九八五年、サイエンス社）

○下條信輔著『〈意識〉とは何だろうか――脳の来歴、知覚の錯誤』
（一九九九年、講談社）

スケッチ画の解説

著者のブログ「小閑雑感」の「わが町——原宿・青山」より

●

アクビする埴輪（92頁）
日本青年館の裏庭で“番犬”のように佇む埴輪。
何もないので退屈そうだ。

弓形のガラス張りビル（109頁）
明治通りと表参道の交差点に立つと、いやでも
目立つビル。この角度から見るのが好きです。

霞ヶ丘団地のネコ（123頁）
日向ぼっこをするネコ。耳を立てて、
自分をスケッチする人間に注意している。

メキシコ料理店（135頁）
トルコ大使館近くの明治通りに面した店。
地下へ潜行していく不思議な構造。

公園のジンチョウゲ（151頁）
霞ヶ丘団地の中の公園でよい香り。
ジンチョウゲが咲いていました。

モスク風の美容院（168頁）
生長の家本部会館に通勤している人にはお馴染み
の建物。ちょっと見では、美容院とは思えない。

●

本書の益金の一部は森林の再生を
目的とした活動に寄付されます。

日《ひ》時《ど》計《けい》主《しゅ》義《ぎ》とは何《なに》か？

2007年11月22日　初版第1刷発行
2023年３月５日　初版第７刷発行

著　者　谷《たに》口《ぐち》雅《まさ》宣《のぶ》
発行者　雪島達史
発行所　宗教法人「生長の家」
山梨県北杜市大泉町西井出8240番地2103
電　話（0551）45-7777　http://www.jp.seicho-no-ie.org/
発売元　株式会社　日本教文社
東京都港区赤坂９丁目６番44号
電　話（03）3401-9111
ＦＡＸ（03）3401-9139
頒布所　一般財団法人　世界聖典普及協会
東京都港区赤坂９丁目６番33号
電　話（03）3403-1501
ＦＡＸ（03）3403-8439
印刷・製本　港北メディアサービス株式会社

本書（本文）の紙は循環型の植林木を原料とし、漂白に塩素を使わない
エコパルプ100％で作られています。

落丁・乱丁本はお取替えします。
定価はカバーに表示してあります。

ISBN978-4-531-05923-2

株式会社 日本教文社　〒107-8674　東京都港区赤坂9-6-44　TEL（03）3401-9111
各定価（10%税込）は令和５年２月１日現在のものです。